D0795264

Lourdes Miquel López/Neus Sans Baulenas

¿A que no sabes...?

Curso de perfeccionamiento de español para extranjeros

edelsa

edi 6 EDICIONES Y DISTRIBUCIONES EXCLUSIVAS
EDICIONES EURO-LATINAS, S. A.
General Oráa, 32
28006 MADRID

Primera edición, 1983
Segunda edición, 1984
Tercera edición, 1985
Cuarta edición, 1987
Quinta edición, 1988
Sexta edición, 1989
Séptima edición, 1990

Dibujos de QUINO

ISBN: 84-85786-58-0
Depósito legal: M. 40.548-1990
Printed in Spain - Impreso en España por
por Gráficas Rogar, S. A. C/ León, 44.
Pol. Ind. Cobo Calleja. FUENLABRADA (Madrid)

INTRODUCCION

Este libro, resultado de un proceso de experimentación diaria a lo largo de varios años de docencia en la Escuela Oficial de Idiomas de Barcelona, está concebido como un curso de perfeccionamiento de español para extranjeros, con la intención de paliar la escasez de material ofrecido a los profesores que, si bien afecta a todos los niveles, resulta especialmente pobre en lo que atañe a los cursos superiores. Esperamos, pues, que nuestra aportación contribuya a llenar una parte de ese vacío metodológico.

Nuestro objetivo primordial en la elaboración del libro ha sido el de poder ofrecer un material que solucione las necesidades de un curso completo (de entre 300 a 400 horas de clase), intentando aportar modelos de trabajo originales, junto a aquellos aspectos positivos no sólo de la tradición existente en la enseñanza de español para extranjeros, sino también de las últimas corrientes metodológicas en la enseñanza de otras lenguas.

Los presupuestos de orden general que inspiran estos materiales son:

1) evitar cualquier tipo de tratamiento monotemático de los contenidos para, así, huir de una fragmentación de la realidad lingüística que la falsearía,

2) favorecer el trabajo creativo del alumno, rechazando los ejercicios mecanicistas,

3) proponer una constante reutilización de contenidos tanto léxicos como estructurales, puesto que hemos partido del principio de que, en el aprendizaje de una lengua, lo explicado no es sinónimo de asimilado,

4) intentar superar el clásico divorcio entre «antologías de textos» y «libros de ejercicios» (léase: trabajo gramatical/trabajo léxico), ofreciendo una serie de textos, de muy variada índole, con un enfoque de trabajo eminentemente lingüístico, lo que motiva en el alumno una nueva actitud frente a los textos literarios al verse forzado a desempeñar una actividad productiva tras la fase de simple comprensión. El inventario de textos está programado para ofrecer un amplio abanico de formas expresivas que den al alumno la posibilidad de familiarizarse con registros lingüísticos muy diversos, y para proponer muestras representativas de la narrativa hispánica contemporánea,

5) dar prioridad, en cuanto al léxico, a aquellos problemas que mal pueden resolver los diccionarios a un estudiante extranjero (modismos, frases hechas...).

Con todo ello, considerando que el alumno accede al nivel superior con un sistema de faltas propio y con unas necesidades comunicativas de muy difícil delimitación, planteamos un tipo de trabajo en el que, por medio de ejercicios que el alumno resuelve con un máximo de libertad, se combatan rigurosamente sus errores. En la experimentación de estos materiales se ha demostrado su idoneidad para todo tipo de estudiante extranjero, sean cuales fueren su lengua materna y los diversos motivos que le han inducido al perfeccionamiento del español. Pero, aún así, la estructura abierta del libro, en la que ninguna de las partes presupone el resto, permite tanto a los profesores como a los estudiantes adaptar y seleccionar los materiales que mejor se adecúen a sus necesidades concretas.

Por último, dar las gracias a nuestros compañeros de Departamento, a Dan, a Dennis, a aquellos que nos han animado cotidianamente, a Javier, a Vahak... y a Sanna, Yukari y Koike, Said, Frédérique, Ian, Fery, Gabriel, Beatrice, John, Elke, Michael, Farrokh, Annie, Ron, Werner, Alain, Connie, Françoise, Nedjma, Tibor, Joanna y Maria Anna, Peter, Shahrrokh, Emmanuel, Koné, Ifeta, Momir, Yuk, Cho, Maria Estela, Esther, Carla, Valeria y a esos varios cientos de estudiantes más, que desgraciadamente no caben en esta página, que, aceptando ser nuestros conejillos de indias, tanto nos han enseñado.

Barcelona, junio de 1982

ESQUEMA DE CADA CICLO:

1. **Texto**
    1.1.
    1.2.
    1.3. } Ejercicios a partir del texto
    .....
    1.n.
2. Contraste de tiempos y modos verbales en un texto a completar.
3. Transformaciones con «SER/ESTAR».
4. Transformación libre.
5. Trabajo a partir de una imagen.
    5.1.
    5.2. } Ejercicios a partir de la imagen
    .....
    5.n.
6. Transformación libre.
7. Formulación de preguntas a partir de las respuestas dadas (cassette).
8. Transformación con partículas obligatorias.
9. Reconstrucción de un texto leído (cassette).
10. Comparación de frases imaginando contextos.
11. Ejercicios de fonética (cassette).
12. Estilo indirecto.
13. Ejercicios variados sobre pronombres, artículo, partículas negativas, orden de la frase... etc.
14. Incrustación de frases simples.
15. Selección múltiple sobre el contenido del ciclo.

(Esta numeración se mantendrá idéntica en cada ciclo, anteponiéndole el número del ciclo expresado en cifras romanas: por ejemplo, el ejercicio II.9. tendrá la misma mecánica que el ejercicio VI.9.)

CICLO I

I.1.

A mitad del largo zaguán del hotel pensó que debía ser tarde, y se apuró a salir a la calle y sacar la motocicleta del rincón donde el portero de al lado le permitía guardarla. En la joyería de la esquina vio que eran las nueve menos diez; llegaría con tiempo sobrado a donde iba. El sol se filtraba entre los altos edificios del centro, y él —porque para sí mismo, para ir pensando, no tenía nombre— montó en la máquina saboreando el paseo. La moto ronroneaba entre sus piernas y un viento fresco le agitaba los pantalones.

Dejó pasar los ministerios y la serie de comercios con brillantes vitrinas de la calle Central. Ahora entraba en la parte más agradable del trayecto, el verdadero paseo: una larga calle bordeada de árboles, con poco tráfico y amplias villas que dejaban venir los jardines hasta las aceras, apenas demarcadas por setos bajos. Quizá algo distraído, pero corriendo sobre la derecha como correspondía, se dejó llevar por la tersura, por la leve crispación de ese día apenas empezado. Tal vez su involuntario relajamiento le impidió prevenir el accidente. Cuando vio que la mujer parada en la esquina se lanzaba a la calzada a pesar de las luces verdes, ya era tarde para las soluciones fáciles. Frenó con el pie y la mano, desviándose a la izquierda; oyó el grito de la mujer, y junto con el choque perdió la visión. Fue como dormirse de golpe.

Volvió bruscamente del desmayo. Cuatro o cinco hombres jóvenes lo estaban sacando de debajo de la moto. Sentía gusto a sal y sangre, le dolía una rodilla, y cuando lo alzaron grité, porque no podía soportar la presión en el brazo derecho. Voces que no parecían pertenecer a las caras suspendidas sobre él lo alentaban con bromas y seguridades. Su único alivio fue la confirmación de que había estado en su derecho al cruzar la esquina. Preguntó por la mujer, tratando de dominar la náusea que le ganaba la garganta. Mientras lo llevaban boca arriba hasta una farmacia próxima, supo que la causante del accidente no tenía más que rasguños en las piernas.

La ambulancia policial llegó a los cinco minutos, y lo subieron a una camilla blanda donde pudo tenderse a gusto. Con toda lucidez, pero sabiendo que estaba bajo los efectos de un shock terrible, dio sus señas al policía que lo acompañaba. El brazo casi no le dolía; de un corte en la ceja goteaba sangre por toda la cara. Una o dos veces se lamió los labios para beberla. Se sentía bien, era un accidente, mala suerte; unas semanas quieto y nada más. El vigilante le dijo que la motocicleta no parecía muy estropeada. El vigilante le dio la mano al llegar al hospital y le deseó buena suerte. Ya la náusea volvía poco a poco; mientras lo llevaban en una camilla de ruedas hasta un pabellón del fondo, cerró los ojos y deseó estar dormido o anestesiado. Pero lo tuvieron largo rato en una pieza con olor a hospital, llenando una ficha, quitándose la ropa y vistiéndolo con una camisa grisácea y dura. Le movían cuidadosamente el brazo, sin que le doliera. Las enfermeras bromeaban todo el tiempo, y si no hubiera sido por las contracciones del estómago se habría sentido muy bien, casi contento.

Lo llevaron a la sala de radio, y veinte minutos después pasó a la sala de operaciones. Alguien de blanco, alto y delgado, se le acercó y se puso a mirar la radiografía. Manos de mujer le acomodaban la cabeza, sintió que lo pasaban de una camilla a otra. El hombre de blanco se le acercó otra vez, sonriendo, con algo que le brillaba en la mano derecha. Le palmeó la mejilla e hizo una seña a alguien parado atrás.

J. CORTAZAR, **La noche boca arriba**
(Texto adaptado)

I.1.1.

COMPLETE LAS SIGUIENTES FRASES CON LAS PALABRAS O EXPRESIONES DE LA LISTA:

rincón	acera
esquina	corresponder
de sobra	dejarse llevar por
montar en	lanzarse a
ronronear	calzada
serie de	ser tarde
vitrinas	choque
trayecto	bruscamente
bordear	volver de
tráfico	sacar de

1. Si te parece, podemos quedar en la ...... de Balmes, Avenida Valencia.

2. Ultimamente están haciendo una ...... películas de muy poco interés.
3. No cruces la ...... sin mirar a ambos lados, ¿eh? Y ve todo el tiempo por la ...... Ten cuidado, Guillermo.
4. A pesar de que giré ...... hacia la izquierda, no pude evitar el ......
5. Para llegar al centro, lo mejor es que ...... esta zona porque, si no, atravesarás calles de mucho ......
6. El Barrio Gótico es una delicia. En cualquier ...... encuentras algún detalle que valga la pena.
7. No os preocupéis por llegar tarde. Si cogéis el metro, tenéis tiempo ......
8. ¿Has ...... las atracciones de Montjuich? Te lo puedes llegar a pasar bien si no ...... el miedo.
9. No fuimos a vuestra casa porque, cuando acabamos de arreglar a los críos, ya ...... para hacer tantos kilómetros.
10. Perdone, ¿sabe cuál es el ...... de este autobús? ¿Pasa cerca de la catedral?
11. Cuando ...... pasear, vimos que habían roto los cristales de las ...... de la tienda de nuestros vecinos.
12. El gato que me regalaste se pasa el día ......
13. Nos ...... un apuro si nos dijera cómo llegar al Museo del Prado.
14. Habla por los codos. ...... explicar cosas y no hay quien lo pare.
15. ¿Podría hacerme el favor de hablarme sin faltar, como ......?

I.1.2.

COMPLETE LAS SIGUIENTES FRASES CON LAS PALABRAS O EXPRESIONES DE LA LISTA:

sentir gusto	lucidez
alentar	estar bajo los efectos de
alivio	terrible
confirmación	señas
estar en su derecho de	quieto
náusea	poco a poco
frenar	al fondo
amplio	bromear
rasguño	de blanco
a gusto	boca arriba

1. Si me estoy ...... no me duele, pero así que me muevo siento unos pinchazos ......
2. Carmen me dijo que durante el embarazo tenía ...... al levantarse.
3. A mí me parece que el equipo ganó porque sus seguidores lo ...... durante todo el partido y eso les dio una moral de victoria.
4. Aunque el accidente fue muy aparatoso, los ocupantes del vehículo no se hicieron más que un ......

5. Los médicos y las enfermeras lo trataron tan bien que, incluso, se sintió ...... en el hospital. Por lo visto, ... mucho con él.
6. Noté que ...... la anestesia porque estaba como mareada. Luego me dieron un calmante y sentí un gran ......
7. Déjenos sus ...... para que podamos enviarle la ...... de sus análisis.
8. Póngase ......, que voy a auscultarle.
9. Sí, la sala de radiografías está en esta planta. ......, a la derecha.
10. Ultimamente la abuela se encuentra muy bien. Se ha ido recuperando ......
11. Oriol, así que ve a alguien vestido ......, se pone a llorar pensando que es un médico.
12. Según los médicos que lo llevan, no será posible ...... el proceso infeccioso.
13. A pesar de lo grave que estuvo, en todo momento mantuvo la ......
14. No es que este medicamento sea malo, lo único es que se ...... amargo.
15. Es intolerable que el dentista te haya dado hora para dentro de tres meses. ...... exigir que te atienda antes.
16. Han construido unos pasillos muy ...... para el paso de las camillas.

I.1.3.

COMPLETE LAS SIGUIENTES FRASES CON PREPOSICIONES:

1. Ya te he dicho que no puedo ir contigo. ...... sobra sabes que me gustaría.
2. Es una pareja un tanto extraña. Pasan ...... vivir juntos ...... irse cada uno por su cuenta.
3. Este asunto no me gusta nada. Hay una serie ...... cosas que me parecen sospechosas.
4. No llames a estas horas. Es demasiado tarde ...... telefonear.
5. María Dolores es muy equilibrada: no se deja llevar ...... sus impulsos.
6. Se pasaron tres horas diciendo vaguedades, sin entrar ...... el tema.
7. El pueblecito está demarcado ...... una pequeña cadena montañosa.
8. Rafa estaba ...... su derecho de exigir una plaza fija. Llevaba cinco años trabajando allí.
9. En casa de los Gómez se está muy ...... gusto.
10. No pudo decirme cómo se encontraba porque, cuando estuve con él, estaba ...... los efectos ...... un calmante.
11. Trataron ...... llegar a casa a tiempo, pero se encontraron con un embotellamiento terrible.
12. Oye, saca ...... el frigorífico la carne para que se descongele.
13. No sé qué tengo en este brazo. ...... golpe me da una especie de calambre.
14. Monta de una vez ...... el tren, que está a punto de arrancar.
15. Se lanzó ...... buscar piso y no paró hasta que consiguió uno.
16. Durante una época siempre iba vestida ...... negro para parecer más delgada.
17. Belén se fue adaptando, poco ...... poco, a la vida barcelonesa. Ahora está encantada de vivir ahí.

I.1.4.

COMPLETE LAS SIGUIENTES FRASES CON LOS TIEMPOS Y MODOS ADECUADOS:

1. Me ha sorprendido esta región porque no pensaba que (TENER) ...... rincones tan bonitos.
2. Se tranquilizó cuando vio que le (QUEDAR) ...... tiempo de sobra para terminar de hacer la cena.
3. Siempre, cuando (HACER, yo) ...... el trayecto hasta tu casa, me acuerdo de cuando éramos vecinos.
4. Se fue sin que (PODER, nosotros) ...... despedirnos.
5. Raquel le dijo a Federico que (TENER) ...... un poco más de paciencia con los niños.
6. Te llamaba para preguntarte por lo que (DECIR) ...... el médico de tu madre.
7. No estaría de tan mal humor si (DORMIR) ...... bien la pasada noche.
8. Conducía tan rápido que no vio que un coche (LANZARSE) ...... a adelantarlo a toda velocidad.
9. Avisadnos cuando (EMPEZAR) ...... la película.
10. Iba (ANDAR) ...... tranquilamente cuando me di cuenta de que me había equivocado de dirección.
11. Cuando estuvo ingresado, no podía soportar que las enfermeras (HACER) ...... ruido por la noche y les llamó la atención.

I.1.5.

COMPLETE LAS SIGUIENTES FRASES CON LAS PARTICULAS ADECUADAS, SIN REPETIR NINGUNA:

donde	quizá
ya	que
casi no	cuando
mientras	sin que
pero	a pesar de

1. Es imposible que encontremos tus llaves si no recuerdas el lugar exacto ...... las dejaste.
2. ...... me acuerdo de nada de lo que me pasó. Afortunadamente, de eso hace ...... mucho tiempo.
3. El coche no les dio buen resultado: no pasaba día ...... tuvieran una u otra avería.
4. Nunca cojo el autobús número catorce, ... hoy no he tenido más remedio.
5. Pedrito iba tranquilamente montado en su moto ...... le salió un coche por la izquierda. Suerte que es un experto y pudo desviarse.
6. ¿Tienes ya los resultados de los análisis ...... os hicieron?
7. ...... la aspirina que se ha tomado, le sigue doliendo la cabeza.
8. Trataré de que nos veamos mañana. ...... podré llegar a comer.
9. Le aconsejó que, ... estaba bajo tratamiento, hiciera reposo.

I.1.6.

apurarse a
dejarse llevar por
lanzarse a
desviarse a
volver de
pasar de

sacar de
preguntar por
tratar de
pasar a
ponerse a

1. Raúl es una persona muy influenciable: ...... cualquier opinión.
2. Cuando ...... el shock, ... decir barbaridades contra el peatón que se le había puesto delante, provocando el accidente.
3. Entraron en el coche sin decir palabra. Lo pusieron en marcha y ...... toda velocidad carretera arriba.
4. Los bomberos tardaron bastante tiempo en ...... debajo del coche a los heridos.
5. Según la prensa de hoy, ... conseguir una subvención para crear zonas verdes en este barrio.
6. Por culpa de las obras de la Gran Vía, el trayecto de este autobús lo ...... otras calles.
7. Si quieres evitarte hacer cola, entra directamente en la oficina y ...... Tere. Ella te atenderá, que es muy amiga mía.
8. Finalmente Elisa estuvo muy cómoda porque la ...... una habitación de cuatro personas a una individual.
9. ...... coger hora con este médico, que dentro de dos meses se va de España.
10. Cambiarán completamente el horario: las actividades de la tarde ...... la mañana.

I.1.7.

Se ha producido un accidente en la calle: un autobús ha chocado con un turismo, causándole graves desperfectos.

Narre el suceso según los siguientes contextos, adaptando la expresión al lenguaje que cada situación necesita:

1. El conductor del autobús lo explica a sus compañeros de trabajo al día siguiente.
2. El conductor del turismo escribe una carta a su compañía de seguros.
3. Un agente de policía redacta un informe.
4. Un peatón que presenció la escena la explica, horas más tarde, a su mujer.

I.1.8.

La señora que ha sido atropellada por el motorista explica su versión de los hechos. Redáctelo siguiendo el modelo del texto de J. Cortázar.

I.2.

COMPLETE EL SIGUIENTE TEXTO CON LOS TIEMPOS Y MODOS ADECUADOS
(El texto está en pasado):

Carvalho (DISPONER)...(1) sobre el mármol de la cocina un ejército de programados ingredientes. (CORTAR, él)...(2) tres berenjenas en rodajas de un centímetro, las (SALAR, él)...(3). (PONER, él)...(4) en una sartén aceite y un ajo que (SOFREIR)...(5) hasta casi el tueste. (PASAR, él)...(6) en el mismo aceite unas cabezas de gambas mientras (DESCASCARILLAR, él)...(7) las colas y (CORTAR, él)...(8) dados de jamón. (RETIRAR, él)...(9) las cabezas de gambas y las (PONER, él)...(10) a hervir en un caldo corto mientras (DESALAR, él)...(11) las berenjenas con agua y las (SECAR, él)...(12) con un trapo, lámina a lámina. En el aceite de freír el ajo y las cabezas de las gambas (IR, él)...(13) friendo las berenjenas y luego las (DEJAR, él)...(14) en un escurridor para que (SOLTAR)...(15) el aceite. Una vez fritas las berenjenas, en el mismo aceite (SOFREÍR, él)...(16) cebolla rallada, una cucharada de harina y (LIGAR, él)...(17) la bechamel con leche y caldo de las cabezas de gambas cocidas. (DISPONER, él)...(18) las berenjenas en capas en una cazuela de horno, (DEJAR, él)...(19) caer sobre ellas una lluvia de desnudas colas de gambas, dados de jamón y lo (BAÑAR, él)...(20) todo con la bechamel. De sus dedos (CAER)...(21) la nieve del queso rallado cubriendo la blancura tostada de la bechamel y (METER, él)...(22) la cazuela en el horno para que (GRATINARSE)...(23). Con los codos (DERRIBAR, él)...(24) todo lo que (OCUPAR)...(25) la mesa de la cocina y sobre la tabla blanca (DISPONER, él)...(26) dos servicios y una botella de clarete Jumilla que (SACAR, él)...(27) del armario-alacena situado junto a la cocina. (VOLVER, él)...(28) a la habitación. «Yes» (DORMIR)...(29) de cara a la pared, con los lomos al aire, Carvalho la (ZARANDEAR)...(30) hasta despertarla, la (HACER, él)...(31) ponerse en pie, la (CONDUCIR)...(32) casi en brazos hasta la cocina y la (SENTAR, él)...(33) ante un plato en el que (CAER)...(34) una paletada de berenjenas al gratén con gambas y jamón.

M. VÁZQUEZ MONTALBÁN, **Los mares del sur**
(Texto adaptado)

I.3.

SUSTITUYA LO SUBRAYADO POR **SER** O **ESTAR**, SEGUN CONVENGA, HACIENDO LAS TRANSFORMACIONES NECESARIAS:

1. La conferencia **resultó** amena.
2. **Se ha ido** de vacaciones.
3. **Nacieron** en Málaga pero **viven** en Granada.
4. Siento no **compartir** tu opinión.
5. **Iba a** salir cuando me has llamado.
6. El simposium **se celebrará** en los locales de un céntrico hotel barcelonés.
7. Estas especias **provienen** de Argel.
8. Forzado por las necesidades económicas, **trabaja como** minero.
9. **Se realizaron** todo tipo de mejoras durante su mandato.
10. Las llaves las **he metido** en el cajón de la derecha.
11. Federico **se dedica a la enseñanza.**
12. Justo cuando abrías la puerta, **empezaba a marcar** tu número de teléfono.
13. Julio **atraviesa** un buen momento.
14. **Llevo** dos horas haciendo este crucigrama.
15. La obra de teatro **ha resultado** una birria.

I.4.

TRANSFORME LAS SIGUIENTES FRASES SEGUN EL MODELO:

> **Modelo:** Si tú no te vas, yo tampoco me iré.
> **Cuando** te vayas, me iré yo.
> No me iré **hasta que** tú te vayas.

1. Estaremos en aquel bar hasta las 12 h. Lo cierran a las 12 h.
   .... hasta que ....
   Cuando .... , ...
2. Si vosotros os levantáis a las 10 h., yo también me levantaré a esa hora.
   Cuando .... , ...
   .... hasta que ....
3. El público estará sentado. Cuando la orquesta entre en el escenario, se levantará a aplaudir.
   .... hasta que ....
   .... antes de que ....

4. Rodrigo viajaba mucho. Si se cansaba, dejaba de viajar.

.... antes de ....

.... hasta que ....

5. Terminemos esto ahora porque después llegarán los invitados.

.... antes de que ....

Cuando .... , ...

I.5.1.

Describa la situación usando, entre otras, las palabras o expresiones de la lista, construyendo varias frases para cada una de las escenas que informen tanto de la actitud de los personajes como de lo que sucede:

Tener una cita con
Diagnosticar
Recetar
Pronosticar
Tener mala cara
Tener ojeras
Tener buen/mal aspecto
Tener aspecto de
Envejecer
Empeorar
Tener confianza en
Estar conforme con
Quedarse en los huesos
Echar una ojeada
Decir que sí/no/muy bien ... con la cabeza/la mano ...
No replicar
No atreverse a
Estar demacrado/pálido/blancucho
Dar palmaditas en la espalda
Andar preocupado
Quedarse de piedra
Desnudarse de cintura para arriba/abajo

I.5.2.

Imagine un diálogo para cada una de las tres visitas médicas, usando, entre otras, las palabras y expresiones de esta lista:

Ir/venir a que
Ir de mal en peor
Toser
Decir treinta y tres
Respirar hondo
No tener de que preocuparse
Estar como un roble
No hacer falta que
Dejar de + infinitivo
Seguir + gerundio

I.5.3.

Imagine un posible texto de la postal, teniendo en cuenta como se ha desarrollado el diálogo anterior.

I.5.4.

Imagine los pensamientos del médico tras leer la postal, usando, entre otras, las expresiones de la lista:

Con la (cantidad) de veces que
Total que
Estar tan normal y
Es como si
¡Quién se lo iba a imaginar!
Lo veo y no lo creo

I.5.5.

COMPLETE LAS FRASES CON PREPOSICIONES:

1. Aunque nos consta que Ricardo está sano, tiene aspecto ...... encontrarse mal.
2. Como el hospital tenía confianza ...... el nuevo plan sanitario, no propuso ninguna alternativa.
3. Nos tenemos que ir porque tenemos una cita ...... unos compañeros ...... trabajo.
4. Me han dicho que Pepita, ... un régimen a base de pomelos, se ha quedado ...... los huesos.
5. Los Aznar cambiaron de médico porque no estaban conformes ...... el tratamiento que les había dispuesto el anterior.
6. Con la ...... veces que he tomado este medicamento y ayer me sentó mal.
7. Cuando a Clara le dijeron que la tenían que operar, se quedó ...... piedra.
8. Los médicos de este servicio se reúnen ...... mes ...... mes para ponerse al día en los tratamientos.
9. Nos llamó nuestro dentista para ver si estábamos conformes ...... las condiciones de pago.
10. Doña Emilia no seguía el tratamiento, por lo que el médico la riñó tanto que se quedó ...... atreverse ...... replicarle.

I.6.

TRANSFORME LAS SIGUIENTES FRASES SEGUN EL MODELO:

> **Modelo:** Manuel conduce muy deprisa. A mí no me gusta.
> ──────→ A mí no me gusta **que** Manuel conduzca tan deprisa.

1. Vendrán pronto. Lo espero.
2. Hablan mal de ti. No me gusta.
3. No compraron aquel ático porque su suegro no quiso.
4. Lo dejamos solo porque él lo prefirió.
5. Ayúdale a hacer la traducción. Lo necesita.
6. Hablemos más bajo. Es mejor.
7. Emilio dice que está enfermo pero yo no lo creo.
8. Iremos a la clínica. Es necesario.
9. ¡Tomaos las pastillas! La enfermera os lo ha dicho.
10. ¡Cómete el bistec! Vale la pena.
11. No repliquéis a vuestro padre porque le disgusta.
12. Llamadle de usted. Es conveniente.
13. No comentéis que me habéis visto. Es preferible.
14. Llama al fontanero. No hay más remedio.
15. Ana está muy apenada por la enfermedad de Jaime y es lógico.

I.7. 🔘🔘

OIRA DOS VECES LA RESPUESTA A UNA PREGUNTA QUE USTED DEBE ELABORAR LO MAS EXPLICITAMENTE POSIBLE (El ejercicio consta de cinco respuestas):

I.8.

TRANSFORME LAS SIGUIENTES FRASES CONSECUTIVAS USANDO PARTICULAS CAUSALES:

> **Modelo:** Francisco Tous es tan buen radiólogo que siempre pedimos que nos atienda él.
> ──────→ **Como** Francisco Tous es muy buen radiólogo, siempre pedimos que nos atienda él.
> Siempre pedimos que nos atienda Francisco Tous **porque** es muy buen radiólogo.

1. Nunca se ponían de acuerdo, así que decidieron disolver la sociedad y trabajar cada uno por su cuenta.
2. Me lo pidió como un favor; por tanto no pude negarme.
3. Quería a toda costa dejar ese empleo, por consiguiente ahora tiene que aceptar las consecuencias de su decisión.
4. Se encontraba mal; no fue al trabajo, pues.
5. Había huelga de controladores aéreos, conque tuve que ir a Roma en tren.
6. No había leído el periódico, de modo que aún no sabía la noticia.
7. En este momento tengo mucha prisa, así que es mejor que nos veamos otro día, con más tiempo.
8. Los vecinos de arriba armaron un alboroto tal que tuvimos que subir a pedirles que respetaran el sueño ajeno.
9. Fue un festival tan anodino que ni la prensa lo comentó.
10. La lavadora se ha estropeado varias veces, por lo que hemos decidido cambiarla.

I.9.

SEÑALE CON UNA CRUZ LA RESPUESTA ADECUADA A LAS SIGUIENTES PREGUNTAS, REFERENTES AL TEXTO QUE HA SIDO LEIDO

1. **¿Dónde había estado el protagonista del texto antes de regresar a su casa?**

   a) En un buen restaurante.
   b) En el cine.
   c) En una casa de la calle Gerona.
   d) En casa de un amigo suyo llamado Serramadriles.

2. **¿Cómo fue a su casa?**

   a) Corriendo porque le estaban esperando.
   b) Andando porque hacía buen tiempo.
   c) En el coche de un amigo.
   d) A pie porque tenía prisa.

3. ¿Dónde vivía?

    a) En una planta baja.
    b) En una casita con huerto.
    c) En el último piso de un edificio.
    d) En una habitación de una pensión.

4. ¿Cómo era el mobiliario?

    a) Tenía muchos muebles antiguos.
    b) Tenía pocos muebles pero buenos.
    c) Tenía sólo una cama y un armario.
    d) Tenía muy pocos muebles y eran viejos.

5. ¿De cuántas piezas constaba la vivienda?

    a) Una.
    b) Dos.
    c) Tres.

6. ¿Dónde comía?

    a) En el comedor de su casa.
    b) En un restaurante barato.
    c) En la sala de lectura.
    d) Con sus vecinos, el astrónomo y la solterona.

7. ¿Tenía ventanas?

    a) Las dos habitaciones daban a un huerto.
    b) Sólo tenía ventanas el trastero.
    c) Tenía dos ventanas que daban al rellano de la escalera.

I.10.

COMPARE LAS FRASES CONDICIONALES DE CADA GRUPO, SEÑALANDO LAS DIFERENCIAS ENTRE ELLAS. PARA ELLO IMAGINE SITUACIONES EN LAS QUE PODRIAN SER PRONUNCIADAS:

1.   a) Si no hubiera recibido este encargo, iría contigo.
    b) Si no recibo este encargo, iré contigo.
    c) Iría contigo si no recibiera este encargo.

2. a) Si pensara eso, te lo diría.
    b) Si hubiera pensado eso, te lo diría.
    c) Si hubiera pensado eso, te lo hubiera dicho.
    d) Si pienso eso, te lo digo.

3. a) Si encuentro a Elsa, te avisaré.
    b) Si encuentro a Elsa, te aviso.
    c) Si hubiera encontrado a Elsa, te avisaría.
    d) Si hubiese encontrado a Elsa, te habría avisado.

4. a) Lo harás si quieres.
    b) Hazlo si quieres.
    c) Si quisieras, lo harías.
    d) Lo habrías hecho si quisieras.

I.11. [🔘🔘]

SEÑALE CON UNA CRUZ LA FRASE QUE HA SIDO PRONUNCIADA:

1. a) No sabe que es esto.
    b) No sabe qué es esto.
    c) No, ¿sabe qué es esto?

2. a) No te lo di.
    b) ¿No te lo di?
    c) No, te lo di.

3. a) ¡Si se lo dijo!
    b) Si se lo dijo...
    c) Sí, se lo dijo.

4. a) ¿Qué pasará?
    b) Que pasara.
    c) ¿Qué? ¿Pasará?

5. a) Pero... ¿no vino?
    b) Pero no vino.
    c) Pero no, vino.

6. a) ¿Tienes muchas fotos?
    b) ¡Tienes muchas fotos!
    c) Tienes muchas fotos.

7. a) Oye bien, Marta.
    b) ¡Oye! ¡Bien, Marta!
    c) ¿Oye bien Marta?

8. a) ¡Qué mal!
    b) ¿Qué? ¿Mal?
    c) Que mal.

9. a) Porque lo necesita.
    b) ¿Por qué lo necesita?
    c) ¿Por qué? ¿Lo necesita?

10. a) Sí, ¿la ve?
    b) Sí, la ve.
    c) Si la ve...

I.12.

TRANSCRIBA EL SIGUIENTE DIALOGO USANDO ESTILO INDIRECTO:

> **Ejemplo:** A. le dijo que desde hacía algún tiempo lo notaba cambiado y B. le explicó...

A) Desde hace algún tiempo te noto cambiado.
B) Envejezco.
A) Me miras y pareces pensar en otra cosa.
B) El trabajo que hago me aburre.
A) Déjalo. Vuelve a España.
B) España se acabó para mí.
A) Viaja.
B) Los viajes no resuelven nada.
A) Bebes demasiado.
B) Dime qué otra cosa puedo hacer.
A) ¿No te soy de ninguna ayuda?
B) No he dicho esto.
A) Cuando te siento triste me entristezco también.
B) No es culpa tuya.
A) Me horroriza la idea de hacerte daño.
B) No te preocupes.

J. GOYTISOLO, **Señas de identidad**
(Texto adaptado)

I.13.

COMPLETE LAS FRASES CON PALABRAS DE LA LISTA:

otro
ningún otro
cualquier otro
ese otro
Ø

otro/s tanto/s
otro cualquiera
muchos otros
algún otro
(y sus femeninos)

1. Aplacemos la cita para ...... momento.
2. Si Rodríguez no está cuando lo llames, pregunta por ...... de los que trabajan ahí.
3. Ese es Ignacio y ......, Eduardo.
4. Este lavaplatos cuesta varios miles de pesetas, aquel ......

5. Dijeron que terminarían de instalar la calefacción un ...... día de estos.
6. Si esta marca de electrodomésticos no te convence, tranquilo, porque hay ......
7. Siento no poderte prestar esta novela, pero es que no tengo ...... para leer este fin de semana.
8. Me trató como lo haría con ...... Como si nunca hubiéramos vivido juntos. La próxima vez que lo vea haré ......
9. Puedes comer ...... trozo de pastel.
10. Lo hacemos por ti, pero ten en cuenta que no lo haríamos por ......
11. A ver si encuentras ...... trozo de cordel. El primero que me has dado lo he perdido y el ...... no lo encuentro.

I.14.

A PARTIR DE LAS FRASES SIMPLES PROPUESTAS, CONSTRUYA UNA SOLA FRASE COMPUESTA, REALIZANDO LAS TRANSFORMACIONES NECESARIAS Y AÑADIENDO PARTICULAS SUBORDINANTES (Explote más de una solución para cada grupo de frases):

1.
> Me doy cuenta
> Es extraño

2.
> ¿Está enfadado?
> No lo creo
> Esta mañana estuvo muy amable

3.
> Debes ayudarme
> Es necesario
> Yo solo no puedo hacerlo

4.
> Me gustaría visitar una ciudad
> Yo nací en esa ciudad
> No tengo dinero para el viaje

I.15.

SEÑALE LA RESPUESTA ADECUADA:

1. Es tarde ...... llamar a Manolo Fonseca, aunque, a veces, se acuesta pasadas las doce.

   a) por
   b) de
   c) a
   d) para

2. Apoyo las decisiones de Assumpta y Rafael: ...... en su derecho de hacer lo que quieran.

   a) están
   b) estén
   c) son
   d) sean

3. No te vayas sin que el conserje te ...... los documentos.

   a) ha dado
   b) habrá dado
   c) hubiera dado
   d) haya dado

4. No notará molestia alguna ...... terminen los efectos de la anestesia.

   a) hasta que
   b) en cuanto
   c) antes de
   d) hasta que no

5. ¿Por qué haría eso? ...... sobra que a Felipe le iba a sentar mal.

   a) conoció de
   b) supo de
   c) sabía de
   d) conocía de

6. Nos encontraremos ...... siempre solemos hacerlo.

   a) adónde
   b) dónde
   c) adonde
   d) donde

· 7. Merche es muy enamoradiza: siempre ...... las primeras impresiones.

 a) está de acuerdo con
 b) se deja llevar por
 c) se queda en
 d) no piensa en

 8. Le pusieron una multa impresionante por conducir ...... los efectos del alcohol.

 a) estando con
 b) siendo con
 c) estando bajo
 d) siendo bajo

 9. Rodolfo, desde hace algún tiempo, ... por sus líos familiares.

 a) lleva preocupado
 b) queda preocupado
 c) tiene preocupado
 d) anda preocupado

10. ¡Buenos días! Vengo a que me ...... un duplicado del carné de estudiante.

 a) harán
 b) hagan
 c) hacen
 d) harían

11. Iñaki, cada dos meses, ... fumar y jura no volver a hacerlo. Es que es Capricornio.

 a) acaba de
 b) deja de
 c) termina de
 d) termina con

12. Uno de mi barrio me dijo que ...... a plantar árboles en las aceras.

 a) van
 b) irán
 c) iban
 d) irían

13. Se ...... al menos tres veces por haber llegado tarde.

 a) disculpaba
 b) disculpó
 c) había disculpado
 d) está disculpando

14. Vale la pena que ...... un crédito para comprarte esta casa.

    a) pidas
    b) pedirás
    c) pides
    d) pedirías

15. Mira, si ...... tanto dolor de estómago como dices, ya te habrías tomado las pastillas.

    a) tenías
    b) tendrías
    c) tuvieras
    d) tengas

16. Yo me siento aquí, junto a Terencio. Tú, José Antonio, coge una ...... silla.

    a) otra
    b) misma
    c) cualquiera
    d) ∅

17. Los candidatos, ... no tienen dinero para seguir la campaña electoral, han decidido retirarse.

    a) dado que
    b) de modo que
    c) por
    d) así que

18. Cuando ...... a París, avisadnos.

    a) llegaréis
    b) lleguéis
    c) llegáis
    d) llegad

19. Si tuviera el periódico, ... a qué hora empieza la película. Cómpralo cuando bajes a por el pan.

    a) sé
    b) sabré
    c) habría sabido
    d) sabría

20. Es conveniente que los gobiernos ...... la medicina.

    a) financien
    b) financian
    c) financiaran
    d) financiarán

21. Como han anunciado una huelga de controladores aéreos, es mejor que ...... el tren.

    a) cojas
    b) cogerás
    c) cogerías
    d) coges

22. Tal como están las cosas, no creo que le ...... la beca.

    a) habrán concedido
    b) han concedido
    c) hayan concedido
    d) habían concedido

23. Cuando se lo expliqué ya lo sabía todo porque Marta se lo ......

    a) contó
    b) contaba
    c) había contado
    d) ha contado

24. Si hoy se han agotado las entradas ...... esperar a mañana.

    a) no hay solución de
    b) no hay más remedio que
    c) no hay manera de
    d) no hay más arreglo que

25. ...... aún no las habíamos visto, trajo las fotos de la excursión.

    a) porque
    b) en vista de que
    c) como
    d) de modo que

26. Te aseguro que no me di cuenta ...... que me cogían el monedero.

    a) de
    b) en
    c) con
    d) por

27. No tenía ni idea de que su ex-novia se había casado, o sea que, cuando se enteró, ...

    a) se asustó
    b) se le pusieron los pelos de punta
    c) se quedó de piedra
    d) se quedó en los huesos

28. El mitin no ...... al aire libre, sino en un recinto cerrado.

    a) estará
    b) será
    c) habrá

29. Me habla como si nos ...... de toda la vida a pesar de que nos acaban de presentar.

    a) hemos conocido
    b) conociéramos
    c) conocemos
    d) conoceríamos

30. No creo que nadie ...... a aceptar esta versión tan inverosímil de los hechos.

    a) va
    b) irá
    c) iría
    d) vaya

CICLO II

II.1.

Esta sed insaciable de poder, de elevarse en la jerarquía del picoteo, que el hombre y las instituciones por él creadas manifiestan frente a otros hombres y otras instituciones, se hace especialmente ostensible en la Naturaleza.

En la actualidad la abundancia de medios técnicos permite la transformación del mundo a nuestro gusto, posibilidad que ha despertado en el hombre una vehemente pasión dominadora. El hombre de hoy usa y abusa de la Naturaleza como si hubiera de ser el último inquilino de este desgraciado planeta, como si detrás de él no se anunciara un futuro.

La Naturaleza se convierte así en el chivo expiatorio del progreso. El biólogo australiano Macfarlane Burnet, que con tanta atención observa y analiza la marcha del mundo, hace notar en uno de sus libros fundamentales que «siempre que utilicemos nuestros conocimientos para la satisfacción a corto plazo de nuestros deseos de confort, seguridad o poder, encontraremos, a plazo algo más largo, que estamos creando una nueva trampa de la que tendremos que librarnos antes o después».

He aquí, sabiamente sintetizado, el gran error de nuestro tiempo. El hombre se complace en montar su propia carrera de obstáculos. Encandilado por la idea de progreso técnico indefinido, no ha querido advertir que éste no puede lograrse sino a costa de algo. De ese modo hemos caído en la primera trampa: la inmolación de la Naturaleza a la Tecnología. Esto es de una obviedad concluyente. Un principio biológico elemental dice que la demanda interminable y progresiva de la industria no puede ser atendida sin detrimento por la Naturaleza, cuyos recursos son finitos.

Toda idea de futuro basada en el crecimiento ilimitado conduce, pues, al desastre. Paralelamente, otro principio básico incuestionable es que todo complejo industrial de tipo capitalista sin expansión ininterrumpida termina por morir. Consecuentemente con este segundo postulado, observamos que todo país industrializado tiende a crecer, cifrando su desarrollo en un aumento anual que oscila entre el dos y el cuatro por ciento de su producto nacional bruto. Entonces, si la industria, que se nutre de la Naturaleza, no cesa de expansionarse, día llegará en que ésta no pueda atender las exigencias de aquélla ni asumir sus desechos; ese día quedará agotada.

Como se ve, el problema no es baladí. Lo expuesto no es un relato de ciencia-ficción, sino el punto de vista de unos científicos que han dedicado todo su esfuerzo al estudio de esta cuestión, la más compleja e importante, sin duda, que hoy aqueja a la Humanidad.

La Naturaleza ya está hecha, es así. Esto, en una era de constantes mutaciones, puede parecer una afirmación retrógrada. Mas, si bien se mira, únicamente es retrógrada en la apariencia. En mi obra *El libro de la caza menor*, hago notar que toda pretensión de mudar la Naturaleza es asentar en ella el artificio, y por tanto, desnaturalizarla, hacerla regresar. En la Naturaleza, apenas cabe el progreso. Todo cuanto sea conservar el medio es progresar; todo lo que signifique alterarlo esencialmente, es retroceder.

Empero, el hombre se obstina en mejorarla y se inmiscuye en el equilibrio ecológico, eliminando mosquitos, desecando lagunas o talando el revestimiento vegetal. En puridad, las relaciones del hombre con la Naturaleza, como las relaciones con otros hombres, siempre se han establecido a palos. La Historia de la Humanidad no ha sido otra cosa hasta el día que una sucesión incesante de guerras y talas de bosques.

Y ya que, inexcusablemente, los hombres tenemos que servirnos de la Naturaleza, a lo que debemos aspirar es a no dejar huella, a que se «nos note» lo menos posible. Tal aspiración, por el momento, se aproxima a la pura quimera. El hombre contemporáneo está ensoberbecido; obstinado en demostrarse a sí mismo su superioridad, ni aun en el aspecto demoledor renuncia a su papel de protagonista.

En esta cuestión, el hombre-supertécnico, armado de todas las armas, espoleado por un afán creciente de dominación, irrumpe en la Naturaleza, y actúa sobre ella en los dos sentidos citados, a cual más deplorable y desolador; desvalijándola y envileciéndola.

M. DELIBES, **Un mundo que agoniza**
(Texto adaptado)

II.1.1.

TRANSFORME LEXICA Y GRAMATICALMENTE LOS SIGUIENTES PARRAFOS, CONSERVANDO EN LA MEDIDA DE LO POSIBLE LA INFORMACION PROPUESTA:

1. «Como se ve, el problema no es baladí. Lo expuesto no es un relato de ciencia-ficción, sino el punto de vista de unos científicos que han dedicado todo su esfuerzo al estudio de esta cuestión, la más compleja e importante, sin duda, que hoy aqueja a la Humanidad.»

2. «Ya que, inexcusablemente, los hombres tenemos que servirnos de la Naturaleza, a lo que debemos aspirar es a no dejar huella, a que se "nos note" lo menos posible.»

3. «El hombre contemporáneo está ensoberbecido; obstinado en demostrarse a sí mismo su superioridad, ni aun en el aspecto demoledor renuncia a su papel de protagonista.»

II.1.2.

COMPLETE CON LAS PREPOSICIONES **A**, **DE** O **EN**, SEGUN CONVENGA:

1. Todo el contenido de este artículo está basado … datos científicos.
2. Nos dijo que no veía posible ofrecernos soluciones concretas … corto plazo.
3. No me gusta inmiscuirme … asuntos que no me conciernen.
4. Necesita demostrarse … sí mismo que es capaz de arreglárselas solo.
5. Se obstina … hacernos creer esa sarta de mentiras.
6. Según nos explicaron, la discusión terminó … palos.
7. … apariencia, el hombre de la ciudad tiene una vida muy cómoda.
8. Ha cambiado mucho pero todavía tiene que liberarse … muchos prejuicios.
9. No cesó … llover en toda la noche.
10. García se ha convertido … un tipo muy raro.
11. Hemos … discutir a fondo esta cuestión.
12. Durante los últimos años ha dedicado todo su esfuerzo … la mejora de las condiciones sanitarias de la zona.
13. No puedo renunciar … llegar hasta el fondo del problema y averiguar la verdad.
14. No aspira … obtener beneficios económicos. Simplemente quiere trabajar … gusto.
15. Parece que la situación, poco a poco, tiende … mejorar.

II.1.3.

COMPLETE LAS SIGUIENTES FRASES CON LAS PARTICULAS DE LA LISTA:

como si	y por tanto
siempre que	ya que
pues	aun
sino	como
si	que

1. … en el caso de que fuera Marín el culpable, no tienes motivos para tratarle de una forma tan seca.

2. Se firmará un tratado de cooperación entre los dos países, … se llegue a acuerdos que interesen a ambas partes.
3. … puedes ver, el asunto del que tenía que hablarte era serio.
4. El hombre del siglo XX sigue viviendo … los recursos naturales fueran inagotables … sabiendo que eso no es así.
5. … hoy estás tan activo, ¿por qué no me ayudas a llevar estas cajas al trastero?
6. Teresa estaba harta de su trabajo, de la gran ciudad... Decidió, …, irse una temporada larga al campo, con su familia.
7. Lo que os explicó Eduardo no es un cuento chino, … la pura verdad.
8. Se observa sin dificultad …, en todos los países desarrollados, se está cuestionando seriamente el papel de la técnica.
9. … no se toman medidas urgentes, el equilibrio ecológico del planeta estará en grave peligro.
10. Siempre cree tener razón, … se niega a escuchar las opiniones de los demás.

II.1.4.

COMPLETE LAS SIGUIENTES FRASES CON LOS VERBOS DE LA LISTA:

terminar por	obstinarse en
tender a	inmiscuirse en
oscilar entre	servirse de
no cesar de	aspirar a
atender (a)	aproximarse a

1. Pilar no tiene tan mala cara como ayer. Está aún grave pero creo que su estado … mejorar.
2. Fue un discurso muy aburrido. El ministro … repetir lo mismo una y otra vez.
3. Los productos de esta empresa son de una calidad inmejorable; por eso tienen tantos clientes y no pueden … toda la demanda.
4. No pensamos comentarles nada sobre lo que pasó el otro día. No nos gusta … la vida privada de los demás.
5. Bebe muchísimo. A la larga, … tener problemas de hígado.
6. Es normal que … mejorar su situación económica, pero no a costa de su salud, trabajando como un loco.
7. Cuando los manifestantes … la policía, ésta empezó a disparar balas de goma.
8. Juárez … sus influencias para obtener el contrato.
9. Antonio … no querer ver las cosas como son. Se engaña a sí mismo pero más tarde o más temprano se dará cuenta de su error.
10. En esta región, el número de parados, durante los últimos años, … el quince y el dieciocho por cien de la población activa.

II.1.5.

COMPLETE LAS SIGUIENTES FRASES CON LAS PALABRAS O EXPRESIONES DE LA LISTA:

jerarquía	antes o después
frente a	error
en la actualidad	nuestro tiempo
abundancia	advertir
permitir	a costa de
a nuestro gusto	ilimitado
de hoy	conducir
inquilino	desastre
así	incuestionable
a corto/largo plazo	atender a
trampas	exigencias
librarse de	agotar

1. Cuando Ricardo se fue, alquiló su piso y resultó que los ... eran amigos míos.
2. No te perdiste nada no yendo al recital. Fue un ...
3. En la narrativa actual se ... una clara tendencia a huir de la realidad. ¿No te parece?
4. Si siguen con el plan de urbanismo conseguirán que ... aumente el número de zonas verdes de esta ciudad.
5. Don Rodolfo tiene un poder ... pero se dice que lo ha logrado ... mucha gente.
6. ¡No juego más contigo! ¡Siempre me haces ...!
7. Mi padre siempre me dice que la juventud ... no sabemos lo que queremos.
8. Te dije que no lo hicieras ... ¡Esto está fatal!
9. Este director es muy dogmático: lo que dice es ...
10. La película de este nuevo realizador recibió una gran ... de críticas favorables. Ha sido un verdadero éxito.
11. Ha intentado muchos trucos para ... pagar los impuestos.
12. A pesar de que Carlos está obstinado en no aceptar ese empleo, ... se dará cuenta de que está en un ...
13. Raúl, ... sus compañeros de trabajo, se siente superior.
14. Es evidente que la disminución de los recursos naturales es uno de los más graves problemas de ...
15. Discutimos con el carpintero porque no hizo el armario empotrado ..., sino como a él le dio la gana.
16. Agustín tomó decisiones que no le correspondían y lo echaron de la empresa por no respetar la ...
17. Por favor, hablemos uno por uno. Hablar todos a la vez no ... a nada.
18. Soledad está superocupada. No creo que pueda ... todas sus obligaciones.
19. Se puso muy chulo cuando le dijimos que no podíamos darle todo cuanto pedía. Tiene que comprender que eran muchas sus ...
20. Alain me comentó que, ..., se estrenaban pocas obras interesantes.
21. Nos hubiera encantado ir al circo, pero se ... todas las localidades.
22. Acabar este ejercicio nos ... pasar a otro tema.

II.1.6.

como se ve   todo cuanto   por el momento
punto de vista   progresar   obstinado en
complejo   retroceder   a sí mismo
sin duda   a palos   protagonista
afirmación   hasta hoy   sentido
retrógada   notársele (algo a alguien)   a cual más
si bien se mira   lo más/menos posible   deplorable
apenas

1. No puedo hablarte de Miriam porque ... la conozco.
2. Aun sabiendo que no podrá entrar en esa empresa, está ... conseguirlo.
3. Es normal que nadie ahorre un duro porque, ..., el dinero cada día tiene menos valor.
4. Alfredo ha conseguido que su hijo obedezca, educándolo ...
5. Tengo una jaqueca tremenda pero intentaré que no ... en la cena de esta noche.
6. Raquel no dejó hablar a nadie explicando sus historias con ese chico escritor. Me indigna que sea tan ...
7. Desde que asiste a unas sesiones de relajación, se está conociendo mucho ...
8. El informe de los médicos decía que no había nada que hacer porque el tumor ... en lugar de ... con el tratamiento. Nos tranquiliza saber que hemos hecho ... podíamos.
9. En la conferencia de Enrique se discutió muchísimo porque buena parte de los asistentes no coincidían con su ... y se dedicaron a cuestionar cada una de sus ...
10. Parece ser que los Martínez tienen sólo dos posibilidades, ... problemática: o marcharse a otro país todos juntos o irse ellos y dejar a los niños con los abuelos. Están en una ... situación.
11. No sé por qué le tienes tanta manía a Felipa. ... te ha hecho una jugarreta.
12. Tal ... por la manera de tratar a sus empleados, don Francisco tiene unas ideas muy ...
13. No sé cómo decís que Laura es generosa. ... nunca me ha invitado a nada.
14. Si tienes bronquitis, debes fumar ...
15. ... nadie se ha presentado como candidato a las elecciones sindicales.
16. No te entiendo. ¿En qué ... dices que es muy hábil?
17. Se presentó a casa sucio, despeinado, mal vestido... En fin, con un aspecto ...

II.1.7.

USTED: ...... (LE EXPRESA A SU AMIGO SUS DESEOS DE ABANDONAR LA GRAN CIUDAD E IRSE AL CAMPO, EXPLICÁNDOLE ALGUNOS MOTIVOS DE SU DECISIÓN).

JULIO: ¡No me vengas con esas! Tú y la gente como tú no entendéis lo que significa el progreso...

USTED: ...... (MUY TAJANTEMENTE LE EXPRESA QUE EL PROGRESO VA EN CONTRA DE LA NA-TURALEZA).

JULIO: ¿Así que tú crees que yéndote a una granja salvarás a la Humanidad?

USTED: ...... (SE ENFADA PORQUE CREE QUE JULIO SIMPLIFICA EL PROBLEMA. LE DICE QUE SUS MOTIVOS SON PERSONALES PERO QUE, CON EL TIEMPO, JULIO Y LOS QUE PIENSAN COMO ÉL COMPRENDERÁN EL ERROR DE SUS TEORÍAS).

JULIO: Los que estáis equivocados sois vosotros. El tiempo dará la razón a la civilización actual. Tú dirás lo que quieras, pero gracias a la tecnología vivimos mejor, curamos las enfermedades, simplificamos la vida, conocemos el universo...

USTED: ...... (LO CORTA PARA DECIRLE QUE DE POCO LES SERVIRÁ CONOCER EL UNIVERSO SI DESTRUYEN LA NATURALEZA QUE TIENEN A SU ALCANCE. EXPRESA LA OPINIÓN DE QUE A MEDIO PLAZO LA NATURALEZA QUEDARÁ AGOTADA).

JULIO: ¡Eres un retrógrado! ¡No pareces un hombre de hoy! Lo que dices parece sacado de una película de ciencia-ficción: los buenos, la Naturaleza y los malos, el hombre y el progreso.

USTED: ...... (LE ADVIERTE PARA QUE NO SE LO TOME A BROMA. LO CRITICA POR SER UN EJEM-PLO DE HOMBRE DOMINADOR. TRATA DE EXPLICARLE QUE USTED ESTARÍA A FAVOR DEL PRO-GRESO SI ÉSTE NO FUERA A COSTA DE TANTAS COSAS)

JULIO: Al final resultará que el retrógado soy yo. Mira, dejémoslo. Nunca vamos a po-nernos de acuerdo y no creo que podamos arreglar el mundo entre los dos.

USTED: ...... (ACEPTA DEJAR LA DISCUSIÓN INSISTIENDO EN QUE TIENE RAZÓN USTED).

II.1.8.

Escriba una carta a un periódico protestando por la existencia, cerca de su casa, de una industria contaminante y exigiendo soluciones rápidas.

II.2.

COMPLETE EL SIGUIENTE TEXTO CON LOS TIEMPOS Y MODOS ADECUADOS
(El texto está en pasado):

Yo (QUERER)...(1) a Valentina, pero hasta aquella tarde no se lo (DECIR)...(2). Afor-tunadamente, cuando (LLEGAR, ella)...(3) no (VOLVER)...(4) aún del paseo mis hermanos. (ALEGRARSE, yo)...(5) especialmente de que no (ESTAR)...(6) Maruja porque (TEMER)...(7) que me (PONER)...(8) en ridículo diciendo que yo (SER)...(9) apaleado. Yo (ESTAR)...(10) atento a los rumores de la escalera. (SABER, yo)...(11) que Valentina no (ENTRAR)...(12) si no (BAJAR)...(13) alguien a recibirla, porque (TENER, nosotros)...(14) un mastín feroz atado con una cadena en el patio. Nunca (DAR)...(15) el perro muestras de enemistad con Valentina, pero ella (ESTAR)...(16) en su derecho teniéndole miedo. Yo (BAJAR)...(17) dos veces en falso. La primera (ENCONTRAR)...(18), sentado en la calle, junto al portal, a un mendigo de aire satisfecho, con mejillas sonrosadas y barbas y cejas hirsutas y blanquecinas. (SACAR, él...(19) de debajo de su capa latas de conservas vacías en las cuales (METER, él)...(20), cuidadosamente, restos de comida. (RECONOCER, yo)...(21) en una de las latas algo que yo (DEJAR)...(22) en el plato, y (SENTIR)...(23) una impresión de angustia ligada a un sentimiento de seguridad. Pero aquel mendigo, que no (ESTUDIAR)...(24) latín ni geometría y cuyo padre (MORIR)...(25) ya hacía años, (DEBER)...(26) ser feliz.

Valentina (APARECER)...(27) por fin corriendo calle abajo, y al ver que yo (ESTAR)...(28) en la puerta (DETENERSE, ella)...(29). (SEGUIR, ella)...(30) andando con una lejana sonrisa, pero de pronto (CAMBIAR, ella)...(31) de parecer y (ECHAR, ella)...(32) a correr de nuevo. Cuando (LLEGAR, ella)...(33) (COMENZAR) a hablarme mal de su hermana Pilar. Me (DECIR, ella)...(34) que (QUERER, ella)...(35) llegar más pronto pero que la (OBLIGAR, ellos)...(36) a estudiar el piano. Después, (ENTRAR, nosotros)...(37) corriendo. Valentina, cada dos pasos (AVANZAR)...(38) otros dos sobre un solo pie, con lo cual las florecitas de trapo que (LLEVAR, ella)...(39) en la cabeza (BAILAR)...(40) alegremente. Al llegar junto al perro, yo le (ADVERTIR)...(41) que no (DEBER, ella)...(42) tener miedo. (ACERCARSE, yo)...(43) al animal que (ESTAR)...(44) tumbado, (SENTARSE, yo)...(45) en sus costillas, le (ABRIR, yo)...(46) la boca, (METER, yo)...(47) dentro el puño cerrado y (DECIR, yo)...(48):

—Estos perros (SER)...(49) muy mansos.

R. J. SENDER, **Crónica del alba**
(Texto adaptado)

II.3.

COMPLETE LAS SIGUIENTES FRASES USANDO **SER** O **ESTAR**, SEGUN CONVENGA:

1. ... claro que no le interesa esta oferta de trabajo.
2. Estas peras ... completamente podridas.
3. Valencia ... al sur de Barcelona.
4. Podemos irnos. Jaime dice que ya ... listo.
5. Ernesto ... abogado pero ... de profesor de literatura.
6. Todo el mundo se pone tejanos porque ... de moda.
7. Su novio ... de Gerona pero ... estudiando en Tarragona.
8. Antes de que se desmayara, yo ya me había dado cuenta de que ... muy pálido.
9. No puedo ponerme estos zapatos porque ... rotos.
10. Según dice esta revista, la boda ... en la iglesia de San Vicente.
11. ... en Valladolid donde perdimos las maletas.
12. Parece mentira que esta mesa ... de plástico. Cualquiera diría que ... de madera.
13. ¡Cómo pasan los años! El otro día vi a Pablo y ... viejísimo.
14. El ministro ... recibido por el presidente del Gobierno.
15. Hace mucho tiempo que ... esperando la oportunidad de decirle lo que pensamos.

II.4.

UNA LAS SIGUIENTES FRASES UTILIZANDO: **PERO, SINO, SINO QUE, AUNQUE,
SIN EMBARGO, AUN, A PESAR DE, A PESAR DE QUE,** Y HACIENDO
LAS TRANSFORMACIONES NECESARIAS:

1. Estoy terriblemente cansado. Iré a recogeros a la estación.
2. No es muy inteligente. Tiene mucha voluntad.
3. He puesto la calefacción. Sigue haciendo frío.
4. Somos muy amigos. No nos vemos a menudo.
5. Carlos no rompió la botella. Lo hizo Teresa.
6. He leído tres veces este artículo. No lo entiendo.
7. Sé que lo que me has contado es verdad. Me cuesta creerlo.
8. Llamamos a Paco para invitarle a cenar. No estaba en casa.
9. Acaba de llevar el coche al taller y ya se le ha vuelto a estropear.
10. Es un tipo muy agradable. No sé qué le debe pasar hoy.
11. No nos dijo que fuéramos el lunes. Nos dijo que fuéramos el jueves.
12. Ha estado trabajando como un loco toda la tarde y todavía no está cansado.
13. Dicen que hay crisis en el sector. Su negocio sigue funcionando la mar de bien.
14. Según López, Ramón es una persona muy culta. No se nota.

II.5.

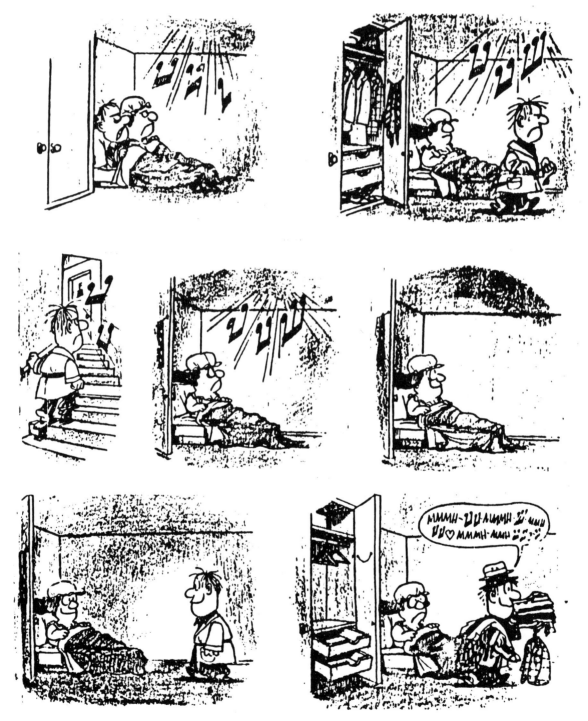

II.5.1.

1) Describa, con la ayuda del léxico propuesto en la lista, la imagen, construyendo varias frases para cada una de las escenas que informen tanto de la actitud de los personajes como de lo que están haciendo.

No pegar ojo
Pasar la noche en blanco
Estar de juerga
Armar jaleo
Dar la lata
Estar por + infinitivo
Estar hasta la coronilla
No quedar más remedio que
Cambiar de opinión
Estar orgulloso de
Un ruido insoportable
Quedarse con la boca abierta

II.5.2.

2) Imagine un diálogo (o un monólogo, según las imágenes) usando, entre otras, las palabras y expresiones de la lista:

¡Menudo...!
No tener vergüenza
Dar la lata
No respetar el sueño
¡Me van a oir!
¡Habráse visto!
Estar hasta las narices de...
¡Dichosos...!
¡Serán...!
Van a saber quién soy yo
¿Qué se habrán creído?
¡Suerte que...!
¡Menos mal que...!
Sacar de quicio
Acabar con la paciencia de un santo
Poner los nervios de punta
¡No hay para tanto!
¡Ni que...!
Sean quienes sean
Hagan lo que hagan

II.5.3.

COMPLETE LAS SIGUIENTES FRASES CON LAS EXPRESIONES ADECUADAS DE LA LISTA:

Armar un jaleo
Estar de juerga
¡Me van a oir!
Estar hasta la coronilla de
No quedar más remedio que
¡No hay para tanto!
¡Menos mal que...!
Quedarse con la boca abierta
¡Menudo...!
Poner los nervios de punta

¡Serán...!
Sacar de quicio
Dar la lata
Pegar ojo

1. Tienes una simple gripe y parece como si te fueras a morir: ...
2. Cuando salimos del cine empezó a llover a cántaros. ... llevábamos un paraguas.
3. Los vecinos del ático, cada noche, ... hasta las tantas.
4. Diles a los niños que hagan el favor de callarse un rato. ... que no hay quien lo aguante.
5. Cuando abrió el paquete y vio el regalo, ... Ya sabía yo que no se lo esperaba.
6. Ante su actitud, ... ponerle un pleito, aunque nosotros hubiéramos preferido arreglar el problema por las buenas.
7. En la casa de al lado hacen obras y hay un ruido inaguantable. Cuando estoy trabajando, ese ruido me ...
8. Lolita le dijo a su padre que ya ... que la quisiera controlar tanto y a la mañana siguiente cogió las maletas y se fue de casa.
9. Estoy agotado. Tengo una tos horrible que no me ha dejado ... en toda la noche.
10. Me ... que la gente sea tan hipócrita. Hemos visto a los Márquez y nos han hecho muy buena cara. ¡Como si no supiéramos que no nos pueden ver!
11. ¡No hay quien circule por esta ciudad! ¡... embotellamiento!
12. Llevé el coche al taller ayer mismo. Hoy, lo saco del garaje y se estropea nada más salir a la calle. ...
13. ¿De verdad te han dicho esa tontería? ¡... imbéciles!
14. Es muy buena persona pero muy pesado. Cuando empieza a contarte sus problemas no hay quien lo pare. Yo ya estoy harta de que me ...

II.5.4.

COMPLETE LAS SIGUIENTES FRASES CON LOS TIEMPOS Y MODOS ADECUADOS:

1. Claudio me dijo que **estaba harto de** que siempre (NEGARSE, tú) ...... a salir con él.
2. Como las paredes del piso son muy finas, se oye todo lo que dicen los vecinos. **Menos mal que** los nuestros (SER) ...... muy discretos.

3. Este año nos han subido dos veces el alquiler. **¡Ni que** (SER, nosotros) ...... millonarios!

4. Los constructores del inmueble nos aseguraron que arreglarían las goteras. Han pasado dos meses y no han hecho nada. En la próxima reunión, **van a saber quién** (SER) ...... yo.

5. No le comentes a Javier lo calvo que está. **Le pone los nervios de punta que** le (DECIR)...... eso.

6. Los Rodríguez **estaban muy orgullosos de que** su hijo (DAR) ...... un concierto en el Palau.

7. Ricardo y Marta se presentaron a cenar sin avisarnos. **¡Suerte que** (SOBRAR) ...... embutidos y quesos de la comida!

8. Por favor, no me grites. **Me saca de quicio que** me (HABLAR)...... en ese tono.

9. **Hagan lo que** (HACER)...... sus hijos, a él le molesta.

10. Por lo visto su mujer **está hasta la coronilla de que** (PASARSE, él) ...... el día con los amigotes.

II.6.

FORMULE ORDENES A PARTIR DE LAS FRASES PROPUESTAS, SIGUIENDO EL MODELO:

> **Modelo:** Quiero que me ayudéis a terminar esto.
> ———→ **Ayudadme** a terminar esto.

1. Te pido que tengas paciencia con el niño.
2. Necesito que ustedes asistan a la reunión.
3. No te quedes de pie. Es mejor que te sientes.
4. Tienes que hacer lo posible para ayudarle económicamente.
5. Te digo que te vayas ahora mismo.
6. Le pido que responda a mi pregunta.
7. Os ordeno que salgáis de mi despacho.
8. Quiero que te comportes mejor.
9. Mañana debes levantarte a las siete.
10. Tienes que quedarte un rato más.
11. Queremos que tengas cuidado en el tren.
12. Me gustaría que esta tarde fuérais amables con la tía Luisa.
13. Les exijo que se mantengan en silencio.
14. Os suplico que nos vayamos de aquí.
15. Os pido que os portéis correctamente.

II.7. 🔘🔘

OIRA DOS VECES LA RESPUESTA A UNA PREGUNTA QUE USTED DEBE ELABORAR LO MAS EXPLICITAMENTE POSIBLE (El ejercicio consta de cinco respuestas):

II.8.

TRANSFORME LAS SIGUIENTES FRASES CONVIRTIENDOLAS EN CONSECUTIVAS:

> **Modelo:** Como es muy terco, defiende a toda costa sus opiniones.
> ──────→ Es muy terco; defiende a toda costa sus opiniones, **pues.**
> Es **tan** terco **que** defiende a toda costa sus opiniones.

1. Como tenía un gran corazón, ayudó muchísimo a sus amistades.
2. Apenas disponía de dinero porque a principios de mes colocaba su sueldo a plazo fijo.
3. Por las diversas dificultades surgidas tuvieron que abandonar el proyecto de irse a otro país.
4. La alfombra dio muy mal resultado porque era de segunda mano.
5. Como Rafa cantaba muy mal, cada vez que lo hacía, su familia se iba a otro sitio con cualquier excusa.
6. Los trabajadores fueron sancionados por haber incumplido las disposiciones legales.
7. Se empachó de tanto comer.
8. En vista de que no se entendían, iniciaron los trámites de la separación.
9. Ya que en la empresa se lo pidieron, se ha sacado el carné de conducir.
10. La población estaba aterrorizada por el anuncio del terremoto, puesto que en otras ocasiones ya habían vivido esa experiencia.
11. Los niños no podrán disfrazarse pues están resfriados.
12. Como Rosa vive en una casa con jardín, el Carnaval lo celebraremos allí.

II.9. 🔘🔘

SEÑALE CON UNA CRUZ LA RESPUESTA ADECUADA A LAS SIGUIENTES PREGUNTAS, REFERENTES AL TEXTO QUE HA SIDO LEIDO

1. **¿De dónde venía Emma cuando halló la carta?**

    a) de la calle
    b) de la fábrica
    c) de Brasil

2. ¿Qué le había sucedido a su padre según la carta?

   a) estaba enfermo
   b) se había suicidado
   c) había muerto accidentalmente

3. ¿Quién le comunicó la noticia a Emma?

   a) un pariente lejano
   b) un compañero de pensión del padre
   c) un compañero de trabajo del padre

4. ¿Cuáles fueron los primeros sentimientos de Emma?

   a) sintió un malestar físico
   b) empezó a llorar
   c) experimentó un terrible estado de nerviosismo

5. ¿A qué hora se desarrolla la acción?

   a) al atardecer
   b) por la mañana
   c) al amanecer

6. ¿Qué hizo Emma tras leer la carta?

   a) salió a la calle
   b) releyó la carta
   c) se fue a su cuarto

7. ¿Por qué Emma se llamaba Zunz de apellido?

   a) su padre se cambió de nombre
   b) Emma se cambió de nombre
   c) el señor Maier no era su padre

II.10.

COMPARE LAS FRASES DE CADA GRUPO, SEÑALANDO LAS DIFERENCIAS ENTRE ELLAS.
PARA ELLO IMAGINE SITUACIONES EN LAS QUE PODRIAN SER PRONUNCIADAS
Y TRANSFORME LAS FRASES DE FORMA QUE ILUSTREN DICHAS SITUACIONES:

1. a) Según él esto no puede hacerse.
   b) Contra él esto no puede hacerse.
   c) Ante él esto no puede hacerse.
   d) Sin él esto no puede hacerse.

2. a) Pregúntaselo por mí.
   b) Pregúntaselo para mí.
   c) Pregúntaselo sin mí.
   d) Pregúntaselo ante mí.

3. a) Le hizo preguntas para su jefe
   b) Le hizo preguntas sobre su jefe.
   c) Le hizo preguntas hasta su jefe.

4. a) Intenta abrir el tubo sin apretarlo.
   b) Intenta abrir el tubo al apretarlo.
   c) Intenta abrir el tubo para apretarlo.
   d) Intenta abrir el tubo tras apretarlo.

5. a) Van sin ellos.
   b) Van tras ellos.
   c) Van contra ellos.
   d) Van por ellos.
   e) Van hasta ellos.
   f) Van con ellos.

II.11.

SEÑALE CON UNA CRUZ LA PALABRA QUE HA SIDO LEIDA:

1. a) jota
   b) rota
   c) hoja
   d) roja

2. a) hablo
   b) habló
   c) abro

3. a) cántara
   b) cantará
   c) cantara

4. a) polo
   b) pollo
   c) bollo
   d) bolo
   e) polio

5. a) ceda
   b) seda
   c) cera

6. a) valle
   b) bailé
   c) vale
   d) baile

7. a) celo
   b) sello
   c) se lo
   d) selló

8. a) aportó
   b) aborto
   c) abortó
   d) aporto

9. a) boca
    b) boda
    c) boga

10. a) parra
    b) pala
    c) paja
    d) para

11. a) callo
    b) cayo
    c) caño
    d) calo

12. a) vera
    b) vela
    c) bella

13. a) roca
    b) loca

14. a) huya
    b) hulla
    c) uña

15. a) hijos
    b) iros
    c) hilos

16. a) viña
    b) piña
    d) pilla

17. a) boca
    b) poca

18. a) ceno
    b) cenó
    c) seno

II.12.

TRANSCRIBA EL SIGUIENTE TEXTO USANDO ESTILO INDIRECTO:

> **Ejemplo:** Paula le explica a su hijo que él se va al extranjero y que se dejará bigote...

PAULA: Te vas al extranjero, Manuel, mi niño, y allí te dejarás bigote o sabe Dios. Aquí está la merienda.

En el tren, ten cuidado, que hoy viaja mucha gente y cada cual es de su padre y de su madre. Guarda bien el dinero. Cuando duermas te lo pones atrás, en el bolsillo del trasero. Cuando comas, le ofreces a la gente, pero no mucho, que el viaje es largo y no quieras figurarte las porquerías que comen por ahí fuera. Y abrígate bien, que en el extranjero hace mucho frío. No salgas sin bufanda. Te he puesto una bobina blanca y otra negra, por si acaso se te cae algún botón... Que comas, Manuel, hijo. Mastica bien, despacio, que si no, no alimenta, ya lo sabes: tú eres muy tragón... Y cuando veas a tus hermanos, si tú los ves por casualidad, les dices que escriban. Que hace tres años uno y cinco que no sabemos de ellos... Que nos escribáis, hijos... Si te dejas bigote, me mandas una foto. Pórtate bien, que yo esté muy orgullosa, ¿eh? ¿Lo tienes todo ya? Toma, te dejas esto: un poco de tierra, de tu tierra. Llévatela. No la pierdas. Dale un beso a la abuela, que es una pesada. No tardes. Vuelve pronto, Manuel, tú por lo menos... Ya está ahí el tren. Si estuviera dormida cuando vuelvas, me llamas, que esté yo donde esté te oiré llamarme. Adiós, Manuel, mi niño...

A. GALA, **Noviembre y un poco de hierba**
(Texto adaptado)

II.13.

COMPLETE EL SIGUIENTE TEXTO CON LAS PREPOSICIONES ADECUADAS:

Acababan ... dar las doce, ... una manera pausada, acompasada y respetable, ... el reloj del pasillo. Era costumbre ... aquel viejo reloj, alto y de caja estrecha, adelantar y retrasar ... su gusto y antojo la uniforme y monótona serie de las horas que va rodeando nuestra vida, ... envolverla y dejarla como ... un niño ... la cuna.

Poco después ... esta indicación amigable del viejo reloj, hecha ... la voz grave y reposada, propia ... un anciano, sonaron las once, ... un modo agudo y grotesco, ... una impertinencia juvenil, ... un relojillo petulante de la vecindad, y unos minutos más tarde, ... mayor confusión y desbarajuste cronométrico, el reloj de una iglesia próxima dio una larga y sonora campanada, que vibró durante algunos segundos ... el aire silencioso.

¿Cuál ... los tres relojes estaba ... lo cierto? ¿Cuál ... aquellas tres máquinas ... medir el tiempo tenía más exactitud ... sus indicaciones?

P. BAROJA, **La busca**
(Texto adaptado)

II.14.

A PARTIR DE LAS FRASES SIMPLES PROPUESTAS, CONSTRUYA UNA SOLA FRASE COMPUESTA, REALIZANDO LAS TRANSFORMACIONES NECESARIAS Y AÑADIENDO PARTICULAS SUBORDINANTES (Explote varias soluciones para cada grupo de frases):

1.
> Sobre la mesa hay un paquete
> Contiene unas revistas
> Entrégaselo a Berta
> Berta lo necesita hoy mismo

2.

> Tú no estás de acuerdo
> Ayer me lo dijiste
> No quieres confesárselo a Elena

3.

> Intenta ver a Leopoldo
> Es preciso devolverle la tienda de campaña
> Te prestó esa tienda el mes pasado

4.

> Está muy ocupado
> Intentara venir a la reunión
> Es lo mejor

II.15.

SEÑALE LA RESPUESTA ADECUADA:

1. Elisa es una persona que por nada del mundo está dispuesta a renunciar ... su libertad.

   a) a
   b) de
   c) sin
   d) por

2. ... teniendo tanta cara como tiene, me cae simpático.

   a) aunque
   b) a pesar de
   c) aun
   d) por

3. Es preciso que lo ... tratar con mucho tacto. Tiene muy malas pulgas.

   a) sabes
   b) sabrás
   c) sepas
   d) sabrías

4. Las bebidas están en la cesta: ... las que queráis.

    a) os tomad
    b) os toméis
    c) tomaos
    d) tomados

5. Ya estamos hartos de que los vecinos, con tanto ruido, nos ... dormir.

    a) impidan
    b) impiden
    c) impedirán
    d) han impedido

6. Oriol y Mariona, ..., resultan graciosos.

    a) hacen el que hacen
    b) hagan el que hacen
    c) hagan lo que hagan
    d) hacen lo que hagan

7. No estamos de acuerdo con la decisión tomada por una minoría, ... vamos a convocar una reunión extraordinaria.

    a) porque
    b) en vista de que
    c) para que
    d) por lo que

8. Llevan tres cuartos de hora arreglando la ducha y aún no ... listos.

    a) están
    b) han estado
    c) son
    d) han sido

9. Es muy susceptible: le pone los nervios de punta que se ... cualquier comentario sobre su vida.

    a) hace
    b) hará
    c) ha hecho
    d) haga

10. No nos prometió venir el domingo, ... el sábado.

    a) sino
    b) sino que
    c) si no
    d) pero

11. No tendrá más de treinta años, pero ... muy envejecido.

   a) es
   b) está

12. ... llovió, se inundaron varias calles.

   a) de tan que
   b) tanto como
   c) de tal que
   d) de tanto que

13. ... dos veces el nombre de su mujer y no logré enterarme de cómo se llamaba.

   a) repetía
   b) ha repetido
   c) repitió

14. No vuelvas a poner esa dichosa canción. ¡Qué manera de ...!

   a) armar jaleo
   b) estar hasta la coronilla
   c) dale que dale
   d) dar la lata

15. Ayer, cuando ... a verte Alfredo, tú aún no ...

   a) venía   a) volvías
   b) había venido   b) volviste
   c) vino   c) has vuelto
   d) ha venido   d) habías vuelto

16. Durante la reunión, Juan no cesó ... poner pegas a todo.

   a) a
   b) de
   c) con
   d) en

17. Les ofrecí acompañarlos en coche. Ellos, ..., prefirieron ir dando un paseo.

   a) pero
   b) sino que
   c) mientras que
   d) sin embargo

18. Id a casa de la abuela pero procurad tardar ... menos posible.

   a) lo
   b) Ø
   c) el

19. Por favor, no os llevéis el periódico. ...

   a) dejádmelo
   b) dejármelo
   c) dejadmelo
   d) dejármele

20.' La opinión pública, ... por las últimas encuestas, está a favor de la televisión.

   a) según se mira
   b) como se ve
   c) bien mirado

21. Debe haber recibido alguna mala noticia: ... nota afectado.

   a) se lo
   b) se la
   c) lo
   d) se le

22. Las primeras páginas me resultaron muy difíciles pero terminó ... gustarme esa novela.

   a) por
   b) de
   c) a
   d) para

23. No es preciso que lo ... de usted: podéis tutearlo.

   a) llamáis
   b) llaméis
   c) llamaréis
   d) llamaríais

24. Tú estate tranquilo a pesar de que, mañana, se ... el asunto.

   a) complique
   b) complicara
   c) complica
   d) complicará

25. Tenga. Póngase azúcar ... su gusto.

   a) a
   b) con
   c) en
   d) de

26. Aseguraron que, ... corto plazo, nos darían una respuesta firme.

 a) en
 b) hasta
 c) a
 d) desde

27. Niño, a aquel anciano se le ha caído el billete. ¡...!

 a) se lo recoge
 b) recógeselo
 c) recógesele
 d) se le recoge

28. Hay corriente de aire porque el cristal de la ventana de la cocina ... roto.

 a) está
 b) es

29. Los Muñoz necesitaban que les ... una beca para su hijo mayor.

 a) daban
 b) dieran
 c) darían
 d) habrían dado

30. Montserrat ... muy orgullosa de su título de abogado. Además es muy buena profesional.

 a) es
 b) está

CICLO III

III.1.

Sr. director:

La decisión municipal, recién anunciada, de proceder, por supuestas razones sanitarias, al exterminio de las palomas de la ciudad me ha ocasionado perplejidades que quizá no sea el único en sentir.

Modesto funcionario acogido al régimen de jubilación, la ausencia de estos animalitos representaría para mí —no me avergüenzo en confesarlo— una pérdida inestimable. Es uno de los pocos placeres que me restan en la vida la compañía de las aves venustinas, a quienes me complazco en obsequiar con miguitas o algún puñado de granos siempre que el estado del tiempo y de mi precaria salud me permiten disfrutar del aire libre en cualquier banco del paseo. Comprendo que, existiendo los alegados motivos de salud pública, nada puede significar el gusto de alguien que, cualesquiera fueren sus servicios pretéritos, ha llegado a ser, como las palomas mismas, un parásito de la sociedad. No me atreveré, pues, a protestar de que se las elimine; pero sí sugiero con el respeto debido a las autoridades: ¿acaso no deberían aplicarse primero sus desvelos a exterminar las ratas que, en cantidad aterradora, pueblan nuestro subsuelo, y cuya presencia me resisto a creer menos nociva para la población humana que la de mis amigas, las habitantes de cornisas y tejados?

Atentamente suyo:

Genaro Frías Avendaño

F. AYALA, **El jardín de las delicias**
(Texto adaptado)

También recibió noticias de Elena, que por ser de Elena resultan sorprendentes:

«Anita querida, ayer me presentaron a tu enloquecido amor, y hoy, en contra de mi natural aversión por el género epistolar, como bien sabes, me apresuro a escribir para contártelo, qué mayor prueba quieres de mi amor por ti. Que sí, que sí, que voy al grano, no te saltes renglones que ahora mismo te cuento cómo fue. Resulta que ayer fue la presentación de la colección «Novísimos», ya sabes, es donde mi editor quiere sacar mi maldito libro (entre paréntesis, no lo acabaré nunca) y me invitaron, claro está, y también invitaron a Ramsés, que estaba ahí codeándose con la crema y la nata editorial del país. En realidad, y para ser exactos, no estaba más que la mitad de la crema y poquita nata, porque con eso de que es agosto aquí no hay ni Dios, pero al burro del socio capitalista de mi editor le entró la manía de celebrar el festejo el mismo día del aniversario de la editorial, es un animal, el pobre. Bueno, ¿por dónde iba? Ah, sí, que Dalmau Figueras me presentó a Soto Amón, estuvo encantador, el hombre, no le faltó más que besarme la mano y cuadrarse tipo húsar, ay, Anita, ese tipo no vale una perra gorda, no sé cómo te puede gustar, parece un maniquí de celulosa, tan guapo, los ojos azulitos, el pelo colocadito, sin corbata y con una especie de chal de seda blanca, bueno, un horror...»

ROSA MONTERO, **Crónica del desamor**
(Texto adaptado)

III.1.1.

COMPLETE LAS SIGUIENTES FRASES CON PREPOSICIONES:

1. Siento decirte que no basta ... tus buenos propósitos. Debes cumplir lo que prometes.
2. No entiendo cómo no te ha hecho ese favor. Económicamente hablando, no representa nada ... él.
3. Con el tiempo este barrio llegará ... ser un modelo urbanístico.
4. Julián se resistía ... aceptar la oferta de su editor, pero no se atrevió ... confesárselo.
5. Mis compañeros no están de acuerdo con la decisión ... cambiar el horario de trabajo y pasar toda la actividad a las mañanas.
6. Martínez fue el único ... votar a favor de la propuesta de Rupérez.
7. No insistas en que salga hoy. Me encanta disfrutar ... mi casa cuando puedo estar sola.

8. Roberto siempre se hace autopropaganda. Constantemente está diciendo que se complace ... tener entre sus amistades a Fulano de Tal, a Fulano de Cual...
9. ... supuestas irregularidades económicas han paralizado el rodaje de la película.
10. El único inconveniente de este pueblo es que hay moscas ... inmensas cantidades.

III.1.2.

COMPLETE LAS SIGUIENTES FRASES CON LAS PALABRAS Y EXPRESIONES DE LA LISTA:

¿acaso...?	recién
no ser el único en	inestimable
no bastar con	nocivo
aplicar sus desvelos	inaudito
por si fuera poco	perplejo
cierto que	sugerir
por desgracia	complacerse en
cualesquiera que fueren	resistirse a

1. Por favor, baja el volumen del tocadiscos. Seguro que yo ... pensar que está demasiado alto.
2. Parece que Yolanda se quedó ... cuando le dijeron que estaba despedida. Es lo último que se esperaba.
3. El valor de este óleo es ...
4. El proyecto que ...... la comisión urbanística de nuestro barrio es ...... No tiene ni pies ni cabeza.
5. Aunque insistas, ... creer lo que dices de Miguel. ...... en ocasiones ha sido incoherente, pero después ha demostrado una gran honestidad.
6. ...... anunciado el presupuesto de este año, un miembro de la oposición dijo que ...... publicarlo, sino que el Gobierno debía ponerlo en práctica. Que la mayoría del Parlamento ...... en conseguir que así se hiciera.
7. La prensa de hoy comenta que, ..., ha aumentado el índice de mortalidad en las carreteras españolas. ¿Adónde iremos a parar...?
8. Los Pallarés nos dieron un plantón de tres horas. ...... sus motivos, hubieran podido avisarnos.
9. Parece mentira que sigas fumando. ¿...... no te confirmó tu médico que el tabaco es ...... para la salud?
10. Leí ayer en un artículo que el coste de la vida ha aumentado en un 3,5 por 100 y que, ..., seguirán incrementando el precio del petróleo.
11. Esta revista es de un sensacionalismo aterrador. ...... hacer creer a la gente que las cosas están peor de lo que están.

III.1.3.

TRANSFORME LEXICA Y GRAMATICALMENTE LOS SIGUIENTES PARRAFOS, CONSERVANDO EN LA MEDIDA DE LO POSIBLE LA INFORMACION PROPUESTA:

1. «La decisión municipal, recién anunciada, de proceder, por supuestas razones sanitarias, al exterminio de las palomas de la ciudad me ha ocasionado perplejidades que quizá no sea yo el único en sentir.»

2. «¿Acaso no deberían aplicarse primero sus desvelos a exterminar las ratas que, en cantidad aterradora, pueblan nuestro subsuelo, y cuya presencia me resisto a creer menos nociva para la población humana que la de mis amigas, las habitantes de cornisas y tejados?

III.1.4.

Escriba dos cartas de entre los temas propuestos, usando, entre otras, palabras o expresiones de la lista:

¿acaso...?   nocivo
cualesquiera fueren   perplejo
no ser el único en   complacerse en
no bastar con   recién

TEMAS:

a) Pidiendo margaritas en un parterre.
b) Que limpien la jaula de los osos en el zoo.
c) Que no se tiren colillas al suelo en las avenidas.
d) Que no se lea el periódico cuando se está sentado en el autobús.
e) Que instalen servicios en los autobuses y metros.
f) Que se pinten los autobuses de lila.

III.1.5.

Escriba una carta a Genaro Frías Avendaño criticando sus opiniones e intentándole demostrar que está equivocado.

III.1.6.

COMPLETE LAS SIGUIENTES FRASES CON LAS PALABRAS Y EXPRESIONES DE LA LISTA:

en contra de
aversión
como bien saber
apresurarse a
ir al grano
saltarse algo
resulta que
no valer una perra gorda
tipo
una especie de
entre paréntesis
codearse con
la crema y (la) nata
para ser exacto
con eso de que
entrar la manía de

cuadrarse
no faltar más que
maldito
no haber ni Dios

1.   Valeria frecuenta ese bar porque le gusta ...... la gente de teatro.
2.   Desde que pidió el crédito para comprarse la casa de Mahón le ...... pensar que lo despedirán del trabajo y que no podrá acabarlo de pagar.
3.   Llevas diez minutos hablando y todavía no sé a qué has venido. ¿Quieres ......, por favor?
4.   Las páginas deportivas no me interesan nada. Siempre ......
5.   ¿No te has enterado de lo de Rodrigo? ...... se ha fugado con una de sus alumnas.
6.   A Carmen, ... tiene tanto trabajo, hace meses que no la veo.
7.   ¡Qué servil es ese ......! Cuando saluda a su jefe, ... casi militarmente.
8.   Quedamos en que formaríamos una comisión para redactar un informe. En el último momento ...... para hacerlo y lo acabé escribiendo solo.
9.   Benjamín es muy maniático: ...... niño mimado.
10. ¡Otra vez tengo ese ...... dolor de muelas! Mañana mismo voy al dentista.
11. Decídete de una vez a hablar seriamente con tu marido, aunque sea ...... tu costumbre.
12. No sé por qué Julio tiene tanto éxito con las mujeres. A mí me parece que ......
13. Pablo, ... su mujer, es la persona más despistada que he conocido.
14. Como no ...... llamarlos, no los encontrarás. A las seis salen de la oficina.
15. Por lo visto, a la verbena que organizó Fernando asistió ...... barcelonesa.
16. Desde que está embarazada, Margarita tiene una gran ...... por los médicos.
17. Dicen que apenas hubo gente en la manifestación, pero, ..., casi llegábamos a las siete mil personas.
18. No puedo explicarte lo que me dijo Raquel porque me hizo prometer que no se lo diría a nadie, pero, ..., no tiene nada que ver contigo.
19. Están a punto de terminar la reunión. ...... concretar un par de cosillas.

III.1.7.

COMPLETE LAS SIGUIENTES FRASES CON PREPOSICIONES:

1. ...... contra ...... la opinión de su médico de cabecera, Carmen se operó en una clínica privada.
2. No es que esté deprimida. No sé cómo describirte lo que tengo: es una especie ...... tristeza.
3. Me alegro de que te lo pasaras bien anoche. Oye, ... paréntesis, ¿estaba buena la cena?
4. El libro de poemas de Carlos no está mal, aunque, ... ser exactos, podría mejorarse.
5. Hace mucho tiempo que no hablo con Alicia. ...... eso ...... que no tiene teléfono resulta muy difícil localizarla.
6. Desde que te codeas ...... tanta gente de pro, no hay quién te vea.
7. Así que vi que había olvidado las llaves me apresuré ...... buscarlo pero no lo encontré.
8. Desde que Gloria se ha vuelto macrobiótica tiene una verdadera aversión ...... la carne.
9. Mis porteros tienen la manía ...... cerrar el portal a las nueve. Lo bueno del caso es que lo hacen ...... consultarlo con los vecinos.

III.1.8.

COMPLETE LA SIGUIENTE CONVERSACION ENTRE ANA Y ELENA. IMAGINE QUE USTED, ELENA, LE EXPLICA EL CONTENIDO DE LA CARTA QUE, POR DIVERSAS RAZONES, NO LE LLEGO A ENVIAR (SIGA LAS INSTRUCCIONES ENTRE PARENTESIS):

ELENA: (COMENTA LA INTENCIÓN DE ESCRIBIRLE UNA CARTA Y JUSTIFICA POR QUÉ NO LO HIZO).
ANA: Pues podrías habérmela escrito. Me muero de ganas de saber qué pasó, qué hizo Soto Amón, qué piensas de él...
ELENA: ... ... (EXPLICA EL POR QUÉ ESTABA ELLA EN LA FIESTA).
ANA: Bueno, eso ya me lo contarás después. Haz el favor de ir al grano.
ELENA: (COMENTA EL AMBIENTE GENERAL SIN HACER CASO DE LA ADVERTENCIA DE ANA. CRITICA A ALGUNOS CONOCIDOS COMUNES).
ANA: ¿Y qué? Venga, dime lo de Soto.
ELENA: (NO RECUERDA EN QUÉ MOMENTO DE LA DESCRIPCIÓN ESTABA. DESPUÉS COMIENZA A DESCRIBIR CÓMO IBA VESTIDO SOTO AMÓN, SU ASPECTO EXTERNO).
ANA: ¿Ves como tengo razón cuando te digo que es muy elegante?
ELENA: (CONTRADICE A SU AMIGA).
ANA: A tí lo que te pasa es que me tienes envidia. Va, sigue, ¿qué te dijo?
ELENA: (LE EXPLICA QUE APENAS INTERCAMBIARON CUATRO PALABRAS, PERO QUE NO LE GUSTÓ SOTO AMÓN).
ANA: ¿Cómo que un horror? O sea que ahora resultará que a tí, que te pasas el día con gente como él, no te gusta ese tipo de hombres...
ELENA: (INSISTE EN SU OPINIÓN Y EN LA SORPRESA QUE LE CAUSA QUE ANA ESTÉ ENAMORADA DE ÉL).

III.1.9.

Escriba, como si usted fuera Ana, una indignada carta a su amiga Elena contradiciendo la opinión que tiene de Soto Amón y defendiéndolo.

III.1.10.

Escriba una carta a un amigo suyo comentándole el ambiente de una fiesta a la que usted ha asistido.

III.2.

COMPLETE EL SIGUIENTE TEXTO CON LOS TIEMPOS Y MODOS ADECUADOS:

Barcelona, 2-5-1918

Apreciable y distinguido jefe:

Ya me perdonará que (DEMORARSE, yo)...(1) tanto en escribirle, pero (SER)...(2) que a resultas del accidente que (SUFRIR, yo)...(3) en el teatro hace un mes y medio (QUEDAR, yo)...(4) imposibilitado para escribir de puño y letra y no me (PARECER)...(5) prudente dictar a otra persona esta carta, pues ya (SABER, usted)...(6) cómo (SER)...(7) la gente. Al fin (APRENDER, yo)...(8) a escribir con la mano izquierda. Ya me (PERDONAR, usted)...(9) la mala letra que le (HACER, yo)...(10).

Pocas novedades (HABER)...(11) por aquí desde que usted (IRSE)...(12). Me (RETIRAR)...(13) del servicio activo y me (DESTINAR)...(14) a Pasaportes. El comisario que (VENIR)...(15) a sustituirlo a usted (ORDENAR)...(16) que no se (SEGUIR)...(17) vigilando al señor Lepprince. Y todo esto, en conjunto, hace que no (SABER, yo)...(18) nada de él, a pesar del interés que (PONER, yo)...(19) en no perder contacto, como usted me (ENCARGAR)...(20) antes de irse. Por los periódicos (ENTERARSE, yo)...(21) de que el señor Lepprince (CASARSE)...(22) ayer con la hija del señor Savolta y de que a la boda no (ASISTIR)...(23) casi nadie por deseo expreso de la familia de la novia, ya que la muerte de su padre (ESTAR)...(24) muy próxima. Tampoco (HACER, ellos)...(25) viaje de novios, por el mismo motivo. El señor Lepprince y su señora (CAMBIAR)...(26) de domicilio. (CREER, yo)...(27) que (VIVIR, ellos)...(28) en una torre, pero aún no (SABER, yo)...(29) dónde.

El pobrecillo Nemesio Cabra Gómez (SEGUIR)...(30) encerrado. El señor Miranda (SEGUIR)...(31) trabajando con el abogado señor Cartabanyes y ya no se (VER)...(32) con el señor Lepprince. Por lo demás, (HABER)...(33) mucha calma en la ciudad.

Y nada más por hoy. (CUIDARSE, usted)...(34) mucho. Los compañeros y yo le (ECHAR)...(35) de menos. Un respetuoso saludo.

Fdo.: Sgto. Totorno

E. MENDOZA, **La verdad sobre el caso Savolta**
(Texto adaptado)

III.3.

SUSTITUYA LO SUBRAYADO POR **SER** O **ESTAR**, SEGUN CONVENGA, HACIENDO LAS TRANSFORMACIONES NECESARIAS:

1. **Tiene un carácter** muy alegre.
2. **Se encuentra mal** pero no **se trata de** nada grave.
3. **Nació en** un pueblo de la Mancha.
4. **Resulta** sorprendente que actúe de esa forma.
5. **Se dedica a la pintura.**
6. La tortilla **te ha salido** demasiado salada.
7. La conferencia **se celebrará** en la sala de actos.
8. No **me resultó** posible ayudaros.
9. **Tiene la piel morena.**
10. La próxima reunión **tendrá lugar** el día 24 a las seis en punto.
11. No pudimos hablar con él porque **se ha ausentado** de la ciudad.
12. Cuando yo llegué, los demás ya **se habían acostado.**
13. Los bomberos abrieron la puerta cuando la casa **ya ardía.**
14. **Ha conseguido, provisionalmente,** un trabajo de contable.
15. **Ibamos a** decírtelo cuando lo has preguntado.

III.4.

UNA LAS SIGUIENTES FRASES, TRANSFORMANDOLAS PRIMERO EN CAUSALES Y DESPUES EN CONSECUTIVAS:

> **Modelo:** Manuel es un abogado muy bueno. Tiene mucho prestigio entre sus colegas.
> ⟶ 1. **Como** Manuel es un abogado muy bueno, tiene mucho prestigio entre sus colegas.
> ⟶ 2. Manuel es un abogado muy bueno, **por lo que** tiene mucho prestigio entre sus colegas.

1. Iba siempre a pie. Carecía de vehículo propio.
2. La desgracia fue considerable. Todos sufrieron mucho en aquella época.
3. La presencia de Antonio les incomodaba. No les caía bien.
4. En París apenas hablaba. No sabía francés.
5. Barcelona está más limpia. Hace unos días han iniciado una campaña de limpieza.
6. Pasaba todo el día en casa. Conocía a muy poca gente.
7. No pagó los impuestos. El inspector de Hacienda fue a su casa.
8. Rafael no dispone de medios económicos. Está parado.
9. Joaquín podrá hacerte una receta. Es médico.
10. Se quedó en los huesos. Hizo un régimen de adelgazamiento.

III.5.

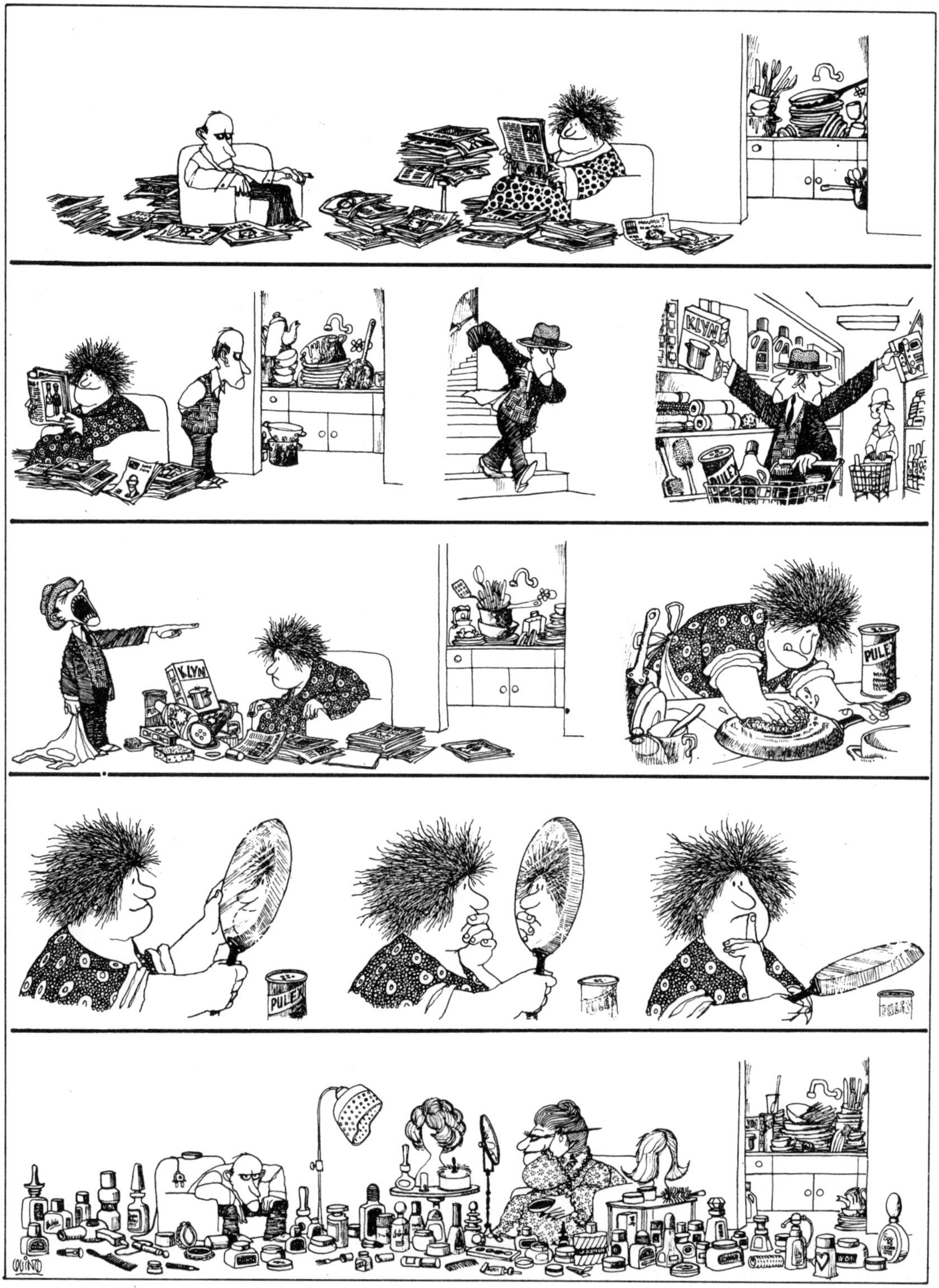

III.5.1.

Describa la siguiente situación usando, entre otras, las palabras o expresiones de la lista:

destrozar los nervios que
temerse que
(no) advertir que
ser obvio que
sabiendo que
excepto que (si)
tomar la decisión de
reluciente
acomplejarse
narcisista
potingues
a diestra y siniestra

desbarajuste
dejadez
un montón de
atrasados
grasientos
detergentes
frotar
contemplarse
volverse
maquillarse
dar por
sorprenderse

III.5.2.

Elabore un diálogo, o un monólogo según las viñetas, que incluya, entre otras, las siguientes palabras o expresiones:

estar hecho una porquería
ser un dejado
una pila de
ser el colmo
¡Quién...!
¡Suerte que...!

¡Basta ya de...!
¡vas a ver quién soy yo!
no soportar (que)
si llego a saber que...
ir + gerundio
hace ......que

III.5.3.

COMPLETE LAS SIGUIENTES FRASES CON LOS TIEMPOS Y MODOS ADECUADOS:

1. Parece evidente que no va a cambiar de actitud **excepto que** (EMPEZAR) ...... a notar que todos sus amigos lo han marginado.
2. ¿Cómo que no quieren invitarnos a su boda? **¡Van a ver qué** espectáculo (MONTAR, nosotros) ......!
3. El fallo estuvo en que **no advirtió que** la carretera (RESBALAR)...... Si hubiera **advertido que** (ESTAR)...... mojada, hubiera reducido la velocidad.

4. **Sabiendo que** ella (SER) ...... tan presumida le hubieras podido regalar potingues de esos que le gustan, en lugar de este montón de libros.
5. Siendo la hora que es, **me temo que** los Batiste no (VENIR)...... ya.
6. ¿No os parece fantástico este sitio? **¡Quién** (PODER) ...... vivir aquí todo el año!
7. El pobre Marcelino **no podía soportar que** su mujer (PASARSE) ...... el día leyendo revistas del corazón. Y ella **no soportaba que** él la (CRITICAR)......
8. A Dolores **le destrozaba los nervios que** sus hijos, cuando invitaban a sus amiguitos (ARMAR) ...... tanto desbarajuste.
9. Como no sabían cómo conseguir que superara sus complejos, **tomaron la decisión de que** (IR, él) ...... a un psicoanalista.
10. **Es el colmo que** (HABER) ...... prohibido este programa.
11. Cuando tomaron la decisión de exponerle sus opiniones, nadie **se temió que** (PODER) ...... tener tan malas repercusiones.
12. Más que alegrarse, Ernesto **se sorprendió de que** le (DECIR, ellos) ...... eso.

III.5.4.

COMPLETE LAS SIGUIENTES FRASES CON PALABRAS O EXPRESIONES DE LA LISTA:

un montón	estar hecho una porquería
acomplejarse	temerse
potingues	ser el colmo
a diestra y siniestra	frotar
volverse	dejadez
dar por	grasientos

1. Asunción no soportaba el fútbol y ahora le ...... ir a todos los partidos del Atlético.
2. Hace unos meses tuve una bronquitis, después un cólico y ahora me tengo que operar de apendicitis... ¿Ves como ......?
3. De un tiempo a esta parte Mercedes ...... una introvertida. ¡Con lo simpática que era antes!
4. Me parece que, si no ...... fuerte, no conseguirás sacar esa mancha.
5. Juan Luis tiene una ...... tal que apenas apetece ir a su casa: siempre está sucísima y huele a colillas apagadas.
6. Si Ana María se maquillara menos y se pusiera menos ......, estaría más guapa.
7. María Dolores tiene ...... de cualidades. Entre ellas, la de estar siempre de buen humor.
8. No tienes por qué ...... por ser bajita. Te pones unos tacones y en paz.
9. ...... que van a acortar las vacaciones de Navidad. ¡La que faltaba! Unos días que teníamos para descansar...
10. El piso se les ha quedado tan pequeño que apenas tienen donde guardar las cosas. Te encuentras libros, discos y ropa ......, esparcidos por todas partes.
11. No friegues los platos ahora. Como están tan ......, los pondremos en remojo un rato.
12. Que me llames a las cuatro de la tarde para decirme que no vendrás a comer ......

III.6.

TRANSFORME LAS SIGUIENTES FRASES SEGUN EL MODELO:

> **Modelo:** No quiero oirte chillar.
> ⟶ ¡**Que** no te oiga chillar!

1. Me gustaría que no tuvieras que arrepentirte de todo esto.
2. Debe avisar inmediatamente una ambulancia.
3. Esperamos que encontréis una solución satisfactoria para todos.
4. No quiero volver a verles por aquí.
5. Tienen que enviar este paquete a Zaragoza.
6. Está con fiebre. Debe tomarse este calmante.
7. Acuéstate para descansar un rato.
8. No soporto que me mires así.
9. Tiene que poner más interés en lo que hace.
10. Me niego a dejarte decir esas cosas.
11. Nos molesta que nos interrumpan continuamente.
12. Espero que estén de acuerdo con nosotros.

III.7. ⏺⏺

OIRA DOS VECES LA RESPUESTA A UNA PREGUNTA QUE USTED DEBE ELABORAR LO MAS EXPLICITAMENTE POSIBLE (El ejercicio consta de cinco respuestas):

III.8.

TRANSFORME LAS SIGUIENTES FRASES USANDO PARTICULAS FINALES:

> **Modelo:** Tienes que pagar el alquiler, si no, el administrador protestará en el banco. ⟶
> Tienes que pagar el alquiler **para que** el administrador no proteste en el banco.

1. Debemos regar las plantas, si no, se morirán.

2. Necesito harina porque quiero hacer un pastel.
3. Pon el abrigo a tu hermano, si no, se resfriará.
4. Vigile a su marido, que no recaiga.
5. Han de revisar bien el presupuesto si no quieren que la empresa se hunda.
6. Hablad más bajo, que protestarán los vecinos.
7. Ese abogado debería ponerse de acuerdo con su cliente, de lo contrario éste se contradirá en el juicio.
8. Di la verdad, que todos saldremos ganando.
9. Necesitan conseguir un crédito porque quieren comprarse una casa.
10. Improvisa una cena, que algo tenemos que tomar.
11. Pensad en lo que decís u os liaréis.
12. Arregla el tocadiscos o no podremos escuchar ningún disco.
14. Tenemos que ir a comprar o no podremos merendar nada.
15. Haz mucha publicidad de tu conferencia o no irá nadie.

III.9.

ESCUCHE ATENTAMENTE EL TEXTO Y, DESPUES, RECONSTRUYALO COMPLETANDO
LAS PALABRAS QUE FALTAN:

De mi ...... no son precisamente buenos recuerdos .... guardo. Mi padre se llamaba Esteban Duarte Diniz, y era portugués, cuarentón ...... yo niño, y alto y gordo ...... un monte. Tenía la color tostada y un ...... bigote negro que se ...... para abajo. ...., cuando joven le ...... las guías ...... arriba, pero, ... que estuvo en la cárcel, se le ...... la prestancia, se le ...... la fuerza del bigote y ya ...... abajo ...... que llevarlo hasta el ...... Yo ...... tenía un gran ...... y no ...... miedo, y siempre que podía .... y procuraba no ......; era áspero y ...... y no toleraba que se le ...... en nada, ... que yo respetaba por la cuenta que me ...... Cuando se ......, cosa que le ...... con mayor frecuencia .... que se necesitaba, ... pegaba a mi madre y a mí las grandes ...... por ...... cosa.

CAMILO JOSÉ CELA, **La familia de Pascual Duarte**
(Texto adaptado)

III.10.

IMAGINE DISTINTAS PREGUNTAS QUE PUDIERAN CORRESPONDER A LAS SIGUIENTES
RESPUESTAS, ATENDIENDO A LAS DIFERENCIAS ENFATICAS:

1. a) Vi a Carolina.
   b) A Carolina la vi el otro día.
   c) El otro día vi a Carolina.

2. a) A Alfredo, le di la carta el miércoles.
   b) El miércoles le di la carta a Alfredo.
   c) La carta se la di a Alfredo el miércoles.
   d) Sí, le di la carta a Alfredo el miércoles.

3. a) La semana pasada publicaron su artículo en el periódico.
   b) Su artículo lo publicaron, la semana pasada, en el periódico.
   c) En el periódico, publicaron su artículo la semana pasada.
   d) Publicaron su artículo en el periódico, la semana pasada.

4. a) A Gustavo lo detuvieron en una manifestación.
   b) En una manifestación detuvieron a Gustavo.
   c) Detuvieron a Gustavo en una manifestación.

III.11. ⊙⊙

SEÑALE CON UNA CRUZ LA PALABRA QUE HA SIDO LEIDA:

1. a) mida
   b) mira
   c) mirra
   d) milla

2. a) venía
   b) venia

3. a) sumo
   b) zumo
   c) sumó

4. a) hay
   b) allí
   c) ahí

5. a) lama
   b) rama
   c) llama

6. a) pote
   b) bote
   c) voté

7. a) índico
   b) indicó
   c) indico

8. a) caldo
   b) cardo
   c) cardó

9. a) pardo
   b) bardo
   c) parto

10. a) loro
    b) lloró
    c) lloro

11. a) pacificó
    b) pacífico
    c) pacifico

12. a) se ha roto
    b) sea roto

13. a) diagnostico
    b) diagnóstico
    c) diagnosticó

14. a) seno
    b) ceño
    c) ceno

15. a) difiero
    b) digiero
    c) díjelo

16. a) corro
    b) gorro
    c) coro

17. a) casto
    b) gastó
    c) gasto

18. a) se ha besado
    b) se ha pesado
    c) sea pesado

19. a) Duero
    b) duelo

20. a) sima
    b) cima

III.12.

TRANSCRIBA LA SIGUIENTE CARTA EN ESTILO INDIRECTO PASADO:

Ejemplo:	Pochita le pidió a su hermana Chichi que perdonara que...

Iquitos, 26 de agosto de 1956

Querida Chichi:

Perdona que no te haya escrito durante tanto tiempo, estarás despotricando de tu hermanita que tanto te quiere y preguntándote por qué la tonta de Pocha no me cuenta cómo le ha ido allá, cómo es la Amazonia. Pero, la verdad, Chichita, aunque desde que llegué he pensado mucho en ti y te he extrañado horrores, no he tenido tiempo para escribirte y tampoco ganas (no te enojes, ¿eh?), ahora te cuento por qué. Resulta que Iquitos no ha tratado muy bien a tu hermanita, Chichi. No estoy muy contenta con el cambio, las cosas aquí van saliendo mal y raras. No te quiero decir que esta ciudad sea más fea que Chiclayo, no, al contrario. Aunque chiquita, es alegre y simpática y lo más lindo de todo, claro, es la selva y el gran río Amazonas, que una siempre ha oído es enorme como mar, no se ve la otra orilla y mil cosas, pero en realidad no te lo imaginas hasta que lo ves de cerca: lindísimo.

(...)

Ya se me durmió la mano, Chichi, ya está oscuro, debe ser tardísimo. Tendré que mandarte esta carta en baúl para que quepa. A ver si me contestas rapidito, larguísimo como yo y con montones de chismes. ¿Sigue siendo Roberto tu enamorado o ya cambiaste? Cuéntame todo y palabra que en el futuro te escribiré seguidito.

Miles de besos, Chichi, de tu hermana que te extraña y quiere,

POCHITA

M. Vargas Llosa, **Pantaleón y las visitadoras**
(Texto adaptado)

III.13.

COMPARE EL ORDEN DE LAS SIGUIENTES FRASES Y SEÑALE CUALES RESULTAN
ARCAICAS Y ESTAN COMPLETAMENTE EXCLUIDAS DEL ESPAÑOL ORAL
Y CUALES SON INCORRECTAS:

1. a) Trajeron un ramo de claveles para Susana de parte de un amigo suyo.
   b) Un ramo de claveles para Susana de parte de un amigo suyo trajeron.
   c) Para Susana trajeron un ramo de claveles de parte de un amigo suyo.
   d) De parte de un amigo suyo, para Susana trajeron un ramo de claveles.
   e) Trajeron de parte de un amigo suyo un ramo de claveles para Susana.

2. a) La casa era lujosa.
   b) Lujosa era la casa.
   c) La casa lujosa era.

3. a) El día siguiente le expliqué lo que había pasado a Ignacio.
   b) A Ignacio le expliqué lo que había pasado el día siguiente.
   c) El día siguiente a Ignacio lo que había pasado le expliqué.
   d) Le expliqué a Ignacio lo que había pasado el día siguiente.

4. a) A Enrique le envié las revistas que me había pedido por correo.
   b) Las revistas a Enrique por correo se las envié.
   c) Envié por correo a Enrique las revistas que me había pedido.
   d) Las revistas a Enrique envié por correo.

III.14.

A PARTIR DE LAS FRASES SIMPLES PROPUESTAS, CONSTRUYA UNA SOLA FRASE COMPUESTA, REALIZANDO LAS TRANSFORMACIONES NECESARIAS Y AÑADIENDO PARTICULAS SUBORDINANTES (Explote varias soluciones para cada grupo de frases):

1.
Tú sabes algo
Debes decírmelo
Me interesa

2.
Está muy preocupado
Lo he notado
Esta mañana estaba de muy mal humor

3.
Hemos recibido una postal
Esperábamos esa postal
Nos comunican buenas noticias

4.
Inician un cursillo
Te interesará
El tema es muy polémico
Asistirá mucha gente

III.15.

SEÑALE LA RESPUESTA ADECUADA:

1. Como dice mi abuela: no basta …… ser bueno, hay que parecerlo.

    a) de
    b) a
    c) con
    d) para

2. Ultimamente hemos notado que Ramón ...... algo raro con nosotros.

   a) está
   b) esté
   c) haya estado
   d) estuvo

3. ¡Quién ...... permitirse ese lujo! Yo, desde luego, no puedo.

   a) pueda
   b) pudiera
   c) puede
   d) podría

4. No te puedes imaginar lo sucia que tiene la casa. ¡......!

   a) está boca arriba
   b) es un lioso
   c) no tiene orden
   d) es un dejado

5. ¿Ya has probado el consomé? ¿No te parece que ...... salado?

   a) esté
   b) sea
   c) está
   d) es

6. La tía Laura hace un montón de cosas: cuida a la abuela, se ocupa de la casa y, ... si fuera poco, cose para sus sobrinas.

   a) para
   b) de
   c) hasta
   d) por

7. La ginebra ...... compramos normalmente al bodeguero de la esquina.

   a) le la
   b) se la
   c) se le
   d) le

8. Perdona que no te ...... esta mañana, pero es que no encontraba ninguna cabina que funcionara.

   a) he avisado
   b) haya avisado
   c) avisaba
   d) avisé

9. Fidel no se resiste ...... aceptar la monotonía y se pasa la vida haciendo planes para cambiar su forma de vivir.

    a) a
    b) de
    c) por
    d) para

10. Cuando llegamos a casa de Alfredo y Elena, los niños ya ...... acostados. Nos supo mal no verlos porque son una monada.

    a) estaban
    b) eran
    c) habían

11. La presentación del libro de Nuria fue un fracaso porque ......

    a) no vino Dios
    b) no estaba Dios
    c) no había ni Dios

12. Me parece que dijo que sí, ... yo no lo hubiera entendido bien.

    a) sino que
    b) salvo
    c) no obstante
    d) excepto que

13. Con lo pedante que es y ......

    a) importa un pito
    b) no vale una perra gorda
    c) no cuenta nada
    d) no cuesta un céntimo

14. Durante mucho tiempo creyó que sus estudios no le ...... para nada y mira ahora lo bien situado que está.

    a) sirvieran
    b) hubieran servido
    c) han servido
    d) servirían

15. Les han cerrado la fábrica ...... supuestas irregularidades en la elaboración de sus productos.

    a) para
    b) con
    c) de
    d) por

16. Que me digas, a estas alturas, que aún tienes confianza en él, con todo lo que te ha hecho, ... el colmo.

    a) está
    b) es
    c) sea
    d) esté

17. Anteayer me enteré de que en el examen del jueves pasado me ......

    a) suspendían
    b) habían suspendido
    c) han suspendido

18. De la manera que es, le habrás caído muy bien ...... sea tan amable contigo.

    a) para que
    b) aunque
    c) así que
    d) porque

19. Mirad: ...... no llegamos a un acuerdo, reunámonos otro día después de reflexionar un poco más.

    a) porque
    b) como si
    c) en vista de que
    d) es que

20. ¿Sabes cómo acabó lo de Jaime? Pues ...... lo plantó todo, novia incluida, y se volvió a España.

    a) es evidente que
    b) es que
    c) resulta que

21. Gabriel fue el único ...... llamar para disculparse.

    a) de
    b) a
    c) en
    d) sin

22. Sí, algo ...... contó sobre todo eso, pero no entró en detalles.

    a) me
    b) me lo
    c) lo
    d) me le

23. No es que te quiera decir que no lo ......, sino que te lo pienses antes.

   a) haces
   b) harás
   c) hagas
   d) hicieras

24. Le pidió que se lo ...... todo palabra por palabra.

   a) contara
   b) contaría
   c) contaba
   d) contó

25. ¡Divertíos! ¡Que lo ...... bien!

   a) pasaréis
   b) pasáis
   c) paséis
   d) pasarais

26. A mí también me resulta agradable salir con él, pero, ..., es un poco tacaño.

   a) entre comas
   b) entre líneas
   c) entre paréntesis
   d) entre comillas

27. Las tierras no rendían lo suficiente. Decidieron, ..., deshacerse de ellas.

   a) pues
   b) así que
   c) en vista de que

28. No creo que don Rodrigo ...... fuera porque no me lo ha comunicado a mí, que soy su secretaria.

   a) está
   b) sea
   c) es
   d) esté

29. ...... no le iba a hacer ninguna ilusión mi regalo, de qué me gasto tanto dinero.

   a) quién me iba a decir que
   b) si llego a saber que
   c) aunque me hubieran jurado que

30. Me dirijo a usted ...... informarme sobre los cursos de verano que se realizan en el centro que usted dirige.

    a)   para que
    b)   a fin de
    c)   por fin de
    d)   a fin de que

CICLO IV

IV.1.

Luis le llamó. «¿Ya no te acuerdas de los amigos?», dijo tendiendo la mano, apartando de su mente el recuerdo de cierto puñetazo. Manolo se acercó a él con una ligera sonrisa. El estudiante no vio que mostrara sorpresa alguna: evidentemente el chico ya le había reconocido al entrar; pero no había querido ser el primero en saludar, quizá porque su visita, después de tanto tiempo, sólo podía obedecer a una razón, ingenua por cierto: saber de Teresa.

—Vaya con Manolo —decía Luis—. Cuánto tiempo. Dos años va a hacer, ¿no?

—Dos años, sí.

—Y qué, hombre, qué me cuentas. Qué tal te ha ido... —Sonrió, cambió el tono de voz—. Bueno, es un decir, ya supongo que mal.

—No. Estuve de viaje.

Desde lo alto de su taburete, oscilando un poco, Luis Trias se echó a reir. Disimuladamente le dio con el codo a su amigo Filipo, y, por alguna razón, decidió que esta nueva y candorosa mentira del murciano bien valía la primera ginebra del día. Así que encargó una para él, con mucho hielo, y otra para su amigo Filipo.

—¿Tú quieres, Manolo?

—No gracias.

Entonces Luis le palmeó la espalda, volvió a reir y dijo:

—Conmigo no tienes por qué disimular. Sé que has estado en la cárcel —hizo una nueva pausa para ver el efecto que producían sus palabras, pero Manolo no pareció inmutarse: le miraba a los ojos, muy fijamente, y eso era todo. Luis añadió:

—¿Cuándo has salido?

—Hace unos días —dijo él con desgana e inclinó un poco la cabeza para acomodarse la chaqueta que llevaba colgada al hombro, y que le resbalaba.

—No es ninguna vergüenza, hombre —afirmó Luis y, mientras en su mirada y en su voz brotaba algo de su antigua superioridad, añadió en tono zumbón: Alguien dijo que moralmente es lo mismo atracar un banco que fundarlo...

—Yo no atraqué ningún banco, déjame de puñetas.

—... y por si te sirve de consuelo te diré que yo también me pasé una temporada encerrado, hace cuatro años, aunque no fuese por las mismas razones que tú. Pero, bien mirado, si quieres que te diga la verdad, ya no veo la diferencia. En el fondo los dos queríamos lo mismo: acostarnos con Teresa Serrat. A que sí.

J. Marse, **Ultimas tardes con Teresa**
(Texto adaptado)

IV.1.1.

COMPLETE LAS SIGUIENTES FRASES CON LAS PREPOSICIONES ADECUADAS:

1. El otro día vi a Isidro. Me dijo que se acordaba mucho ...... todos nosotros.
2. El señor Sala no se encuentra en la oficina. Está ...... viaje por el extranjero.
3. Cuando le dijimos que estábamos muy enfadados con él, el muy fresco se echó ...... reir.
4. Hace un montón de tiempo que no sé ...... Margarita. Creo que va ...... hacer tres años que no nos hemos visto.
5. No salgamos todavía. No me gustaría que fuésemos los primeros ...... llegar a la cena.
6. Leopoldo parece una buena persona, pero, ... el fondo, es un verdadero cínico.
7. No sé qué le sucede últimamente a Gerardo: hace el trabajo sin interés, ... desgana, como si todo le diera igual.
8. Sí, ya sé que no te van bien las cosas. ...... si te sirve de consuelo te diré que también yo estoy pasando un mal momento.
9. Paquita iba a meter la pata. Suerte que Juan le dio disimuladamente ...... el codo y la hizo callar.
10. ¡Vaya ...... Jorge! ¡Tan tímido que parecía! Hoy parece otra persona.
11. ¡Déjate ...... tonterías y ponte a trabajar!
12. Estaba tan agotado que hizo la siesta hasta las seis. Se levantó, comió un poco y se volvió ...... acostar.
13. Que él no haya sido el único en suspender el examen no le sirve ...... consuelo.
14. Bebe como un cosaco. Tan sólo son las once y ya está tomándose la primera copa ...... el día.
15. Todo lo que hace Salinas sólo obedece ...... una razón: hacerle la vida imposible a su cuñado.
16. Apártate ...... aquí. Te voy a salpicar con el aceite de la sartén.
17. Me molesta cuando habla con este tono ...... voz, con ese aire de superioridad.
18. Rodrigo es un personaje un poco inquietante. Te mira fijamente ...... los ojos de una forma un poco extraña, ¿no?

IV.1.2.

COMPLETE LAS SIGUIENTES FRASES CON LAS EXPRESIONES DE LA LISTA:

Por cierto.
Bien mirado.
Si quieres que te diga la verdad.
Por si te sirve de consuelo.
¿A qué sí?
En el fondo.
¿Qué me cuentas?
¡Cuánto tiempo!
No es ninguna vergüenza.
Déjame de puñetas.
Vaya con.
¿Qué tal te ha ido?
Es un decir.
Por alguna razón.
No tienes por qué.

1. ...... Hace al menos cinco años que no nos veíamos.
2. Me han dicho que has estado varios años en el extranjero. ¿...... por ahí?
3. Aunque Roberto te caiga mal, algún día tendrás que reconocer que, ..., es un tipo muy majo.
4. ¿......, hombre? ¿Qué ha sido de ti en estos últimos tiempos?
5. ......, hablando de Lucía, si ves a su hermano, dile que tengo que hablar urgentemente con él.
6. No sé qué pensaréis vosotros, pero a mí me da la impresión de que las cosas andan bastante mal entre Rosales y Sánchez. ¿......?
7. A mí ...... y no me compliques la vida. Ya tengo suficientes problemas.
8. ...... que desconozco se negó rotundamente a hablar con nosotros.
9. Le ha costado mucho tiempo admitir que tener ese defecto físico ......
10. ...... Esteban. Nunca hubiera imaginado que fuera capaz de reaccionar así. Le creía un tipo insignificante y a la hora de la verdad se ha sabido espabilar.
11. Lo de interesante, ..., porque, a ratos, a este autor no hay quien le aguante.
12. No sé tú, pero yo, ..., prefiero quedarme tranquilamente descansando en casa que ir a pasar el fin de semana donde los Domínguez.
13. Conmigo ...... disimular. Sé perfectamente que estás pasando una mala época. ...... te diré que yo estaba como tú hace tan sólo un mes y después, sin saber cómo, me he ido animando.
14. ...... tanto da que gane las elecciones uno u otro partido de los que se presentan porque, en realidad, tienen posturas muy parecidas en lo que se refiere a este tema en concreto.

IV.1.3.

COMPLETE LAS SIGUIENTES FRASES CON LAS PALABRAS DE LA LISTA:

disimular   puñetazo
mentira   alguno
inmutarse   acercarse
temporada   valer
resbalar   pausa
hombro   añadir
moralmente   fijamente
codo   desgana
ingenuo   superioridad
reconocer   encerrado
atracar   inclinar
fundar   razones

1. Estaba pintando el techo de la cocina y se cayó de la escalera. Se hizo bastante daño en el ...... y en el ......
2. Lorenzo es muy ......: se lo cree todo y todo el mundo le toma el pelo.
3. David está de muy mal humor. Se ha pasado todo el fin de semana ...... en su habitación.
4. No conseguíamos de ninguna manera abrir el viejo armario. Al final, Rogelio lo logró de un ...... Y bien ...... la pena el esfuerzo porque dentro encontramos verdaderas maravillas: todos los trajes de los bisabuelos.
5. ¡Ah! ¡Eres tú! Al principio no te había ......
6. Algunos de mis compañeros de curso ...... una asociación de antiguos alumnos, pero la cosa no funcionó nunca.
7. Después de la intervención del Dr. Luna haremos una breve ...... de cinco minutos.
8. ¡Cuidado! El suelo del baño está mojado y puedes ......
9. Arturo está muy cansado. Realmente necesita tener una buena ...... de descanso.
10. Sr. Benito, ¿Tiene algo que ...... a lo que ha dicho el Sr. Montes?
11. La sala está completamente llena. No hay lugar ...... donde sentarse.
12. Con nosotros no tienes por qué ...... Sabemos muy bien que José Luis te cae mal.
13. El público empezó a abuchearle, pero él siguió cantando tan tranquilo, sin ......
14. Lo detuvieron al intentar ...... una joyería.
15. No soporto ese aire de ...... que adopta Luis para dirigirse a sus empleados.
16. Ese coche rojo que ...... creo que es el de mi hermana.
17. Está algo deprimido y se le nota porque trabaja con ......
18. Lo que te ha contado Juan José es una ...... Son otras las ...... que le hicieron romper con Eulalia.
19. Si te ...... un poco hacia la derecha, lo verás mejor.
20. A mí, lo que ha hecho Enrique me parece ...... imperdonable.
21. Me miró ...... a los ojos y se fue sin decirme palabra.

IV.1.4.

Usted se encuentra en la calle con un viejo amigo al que no ve desde hace años. Invente un breve diálogo entre ambos utilizando el léxico y las expresiones siguientes:

Acordarse de
Reconocer
Tanto tiempo
Por cierto
Saber de
Cuánto tiempo
Qué me cuentas
Es un decir
Suponer
Pasarse una temporada.
Aunque

Así que
No tienes por qué
Volver a
Hace x años
Por si
Lo mismo
Si quieres que te diga la verdad
En el fondo
A que sí
Irle a alguien bien/mal

IV.1.5.

Imagine que usted ha presenciado la conversación entre Luis y Manolo. Al día siguiente se la refiere a un amigo.

Ejemplo: «Luis llamó a Manolo y le preguntó si ya no se acordaba de los amigos».

IV.1.6.

COMPLETE LAS SIGUIENTES FRASES CON **SER** O **ESTAR**, SEGUN CONVENGA, EN LOS TIEMPOS Y MODOS ADECUADOS:

1. Pase usted. Yo no quiero ...... el primero en entrar.
2. Llámalo si quieres, pero me han dicho que ...... de viaje.
3. Era prácticamente analfabeto, pero mientras ...... en la cárcel se dedicó a estudiar.
4. Eso ...... todo. No hay más que contar.
5. Aunque no ...... por las mismas razones, los dos decidieron abandonar la ciudad.
6. No sé por qué anda disimulando. ¡Como si lo que le ha pasado ...... una vergüenza!
7. Me dijo que creía que no ...... lo mismo trabajar en casa que fuera de casa, y que desde que iba a la oficina se sentía mucho mejor.

IV.1.7.

Se encuentra usted en un bar y se le acerca un desconocido que dice ser un viejo amigo suyo. Usted no sabe si se trata de una confusión o es que no se acuerda de él, por lo que decide intentar averiguar quién es disimuladamente. Complete el diálogo siguiendo las instrucciones entre paréntesis:

EL DESCONOCIDO: ¡Hombre! ¿Qué tal? ¡Cuánto tiempo!

USTED: ...... (LE SALUDA ALGO SORPRENDIDO Y DISCULPÁNDOSE POR NO HABERLE RECONOCIDO EN UN PRIMER MOMENTO).

EL DESCONOCIDO: ¿Y la familia cómo anda?

USTED: ...... (COMENTA VAGAMENTE ACONTECIMIENTOS SIN IMPORTANCIA E INTENTA HACERLE PREGUNTAS DE TIPO GENERAL PARA DESCUBRIR DE QUIÉN SE TRATA).

EL DESCONOCIDO: Tirando. Margarita anda algo pachucha, ya sabes, lo de siempre. Y el trabajo... pues, regular.

USTED: ...... (NO SABE QUIÉN ES MARGARITA E INTENTA AVERIGUARLO, SUPONIENDO QUE SE TRATA DE SU NOVIA).

EL DESCONOCIDO: ¡Qué mal andas de memoria! Tú te refieres a Silvia... ¡Ya está a punto de acabar la carrera! Oye, por cierto, te acordarás de Paco...

USTED: ...... (CONFIESA NO ACORDARSE DE QUIÉN ES).

EL DESCONOCIDO: Sí, hombre, sí. Has de acordarte: el alto, el de Bilbao. Le han ido muy bien las cosas, pero está igual que antes.

USTED: ...... (TRATA DE SABER SI ES UN ANTIGUO COMPAÑERO DE FACULTAD).

EL DESCONOCIDO: ¿En la Universidad?, ¿ése? No, qué va, tú lo confundes con Felipe. Paco es aquel que salía con Elvira, la pelirroja.

USTED: ...... (USTED TAMPOCO CONOCE A NINGUNA ELVIRA. SE EXCUSA QUEJÁNDOSE DE SU FALTA DE MEMORIA).

EL DESCONOCIDO: ¡Pues tampoco hace tanto tiempo de eso! ¿Por qué no vamos a tomar unas copas?

USTED: ...... (INCÓMODO SE EXCUSA ALEGANDO TENER MUCHO QUE HACER).

EL DESCONOCIDO: ¿Así que no vas a dedicarle media horita a tu amigo Pepe Ruiz?

USTED: ...... (EN ESTE MOMENTO DESCUBRE QUE SE TRATA DE UNA CONFUSIÓN Y LO PLANTEA).

EL DESCONOCIDO: Pero... ¿Cómo? ¿Tú no eres Gustavo Sarmiento?

USTED: ...... (LO NIEGA ROTUNDAMENTE DANDO SU VERDADERA IDENTIDAD).

EL DESCONOCIDO: ¡Anda! ¡Qué metedura de pata! Eres clavado a ese amigo mío. ¿No me estarás tomando el pelo?

USTED: ...... (LE ASEGURA QUE NO ES GUSTAVO Y LE QUITA IMPORTANCIA AL SUCESO).

IV.2.

COMPLETE EL SIGUIENTE TEXTO CON LOS TIEMPOS Y MODOS ADECUADOS
(El texto está en pasado):

    (LEVANTARSE)…(1) un fuerte viento, imprevisto. Víctor Silbano (SALIR)…(2) a la puerta de la taberna y (MIRAR)…(3) hacia la callejuela, estrecha y negra. El viento aquel (TRAER)…(4) un rumor arrastrado y húmedo. (PARECER)…(5) que (TREPAR)…(6) calle arriba en remolinos, formando embudos monstruosos y brotando de la tierra misma. Silbano (AVANZAR)…(7) calle abajo, con las manos hundidas en los bolsillos del abrigo. (TENER)…(8) el rostro blanco y fino, casi infantil. El pelo, rubio y ensortijado, le (PRESTAR)…(9) un algo angélico. (PARECER)…(10) que todo él (DESEAR)…(11) encogerse en sí mismo y retornar a una masa informe, fetal. (SER)…(12) una contracción, un gesto, que (TENDER)…(13) a esconder sus propias facciones. Como si (TENER)…(14) un deseo de retroceder a la nada. Entre sus labios amoratados de vino, el cigarrillo medio quemado (TEMBLAR)…(15). Los rizos dorados, ajenos a él como una aureola de santo, (PONER)…(16) un no sé qué de acongojante, de penoso, en aquella cabeza.

    El viento (ARRASTRAR)…(17) ahora por el suelo cosas crujientes, como hojas secas o papeles. Las (SENTIR)…(18) pasar por entre los pies y (ESTREMECERSE)…(19).

    Víctor Silbano (CONTINUAR)…(20) descendiendo por la calle. (NOTAR)…(21) el calor del fueguecillo rojo, que casi le (QUEMAR)…(22), muy cerca de los labios, y (DETENERSE)…(23). (ESCUPIR)…(24) la colilla sin sacar las manos de los bolsillos y (EXPULSAR)…(25) la última bocanada de humo, que le (SABER)…(26) amargo.

ANA MARÍA MATUTE, **Algunos muchachos y otros cuentos**
(Texto adaptado)

IV.3.

SUSTITUYA LO SUBRAYADO POR **SER** O **ESTAR**, SEGÚN CONVENGA, HACIENDO
LAS TRANSFORMACIONES NECESARIAS:

1. Mi familia **regresará a** casa dentro de un mes.
2. El mitin **tuvo lugar** en una sede sindical.
3. Ultimamente **se siente** muy débil.
4. Los obreros **permanecieron** una semana de brazos cruzados.
5. Anita **me parece** muy coqueta.
6. Les cuesta mucho **ponerse** de acuerdo sobre este tipo de cuestiones.
7. **Ha encontrado trabajo como** guarda de un aparcamiento.
8. No **he ido** nunca a Granada.
9. La casa de Ignacio **quedó** muy bien porque **la construyeron** con muy buenos materiales.
10. Juana, al principio, **parece** muy antipática, pero con el tiempo **resulta** una persona muy agradable.

IV.4.

> **Modelo:** No se está a gusto en su casa **porque** discuten a menudo.
>
> ──────→ **El hecho de que** discutan a menudo **hace que** no se esté a gusto en su casa.

1. Sus vecinos le aprecian mucho porque es muy amable con todos.
2. Se pudo evitar el accidente porque los carriles eran muy anchos.
3. Quedaron doscientos trabajadores en la calle porque la empresa quebró.
4. Jamás cambió de ideas porque era un terco y un dogmático.
5. Las cosas siempre le salen mal porque no tiene ni pizca de espíritu práctico.
6. Las fotos no salieron bien porque había demasiada luz.
7. No tiene amigos porque desconfía de todo el mundo.
8. Tenía muy buena fama en la empresa donde trabajaba porque su trabajo era intachable.
9. La Plaza Cataluña no es atractiva porque hay demasiada gente.
10. Los empleados desprecian a su jefe porque se niega siempre a aceptar sus peticiones.

IV.5.

IV.5.1.

Describa la siguiente situación usando, entre otras, las palabras o expresiones de la lista:

pareja

abrazados

soñar despierto

hacer planes

enamorados

cerradura

apelotonados

unos encima de otros

generaciones

suegros

bisabuelo

estar jubilado

cuna

espacio vital

cama plegable

familia numerosa

IV.5.2.

Invente un diálogo en el que la pareja tenga en perspectiva una posibilidad más o menos segura de que su situación mejore (una herencia, un aumento de sueldo...). Utilice:

Cuando...

Enseguida que...

Así que...

Ojalá...

Que...

Si...

IV.5.3.

Repita el ejercicio anterior, pero considerando que la pareja tiene una posibilidad remota de mejora económica (quinielas, lotería...). Utilice:

Si...

Ojalá...

¡Quién...!

Te imaginas si...

IV.5.4.

Una las siguientes frases, referidas a la imagen, con partículas que expresen condición:

1. Heredar del tío Juan. Mejorar nuestra situación.
2. Aumentarme el sueldo. No vivir amontonados.
3. Conseguir un préstamo. Pagar la entrada del piso.
4. Acertar una buena quiniela. Pagar las letras pendientes.
5. Encontrar otro empleo. Mudarse de casa.
6. Disponer de mucho espacio. Los niños poder tener una habitación cada uno.
7. No vivir unos encima de otros. Llevarte el desayuno a la cama.
8. No ser familia numerosa. No tener este tipo de problemas.
9. El hermano Perico no estar en Estados Unidos. El padre vivir con él.
10. Los abuelos cobrar una jubilación decente. Poder tener casa propia.

IV.6.

> — Por más (mucho) + que + verbo.
> — Por más (mucho, mucha, muchos, muchas) + nombre. + que + verbo.
> — Por muy + adjetivo o adverbio + que + verbo.
>
> **Ejemplo:** Aunque se tengan muchos amigos, uno se siente solo a veces.
> **Por muchos** amigos **que** se tengan, uno se siente solo a veces.

1. No conseguirás convencerle aun insistiendo mucho.
2. Es muy inteligente, pero su jefe no se da cuenta.
3. Aunque haga calor ahora, ponte una chaqueta porque por la noche refresca.
4. Se las da de simpático, pero la verdad es que tiene muy mal genio.
5. Aunque la prensa ha informado mucho sobre este tema, yo todavía no lo veo claro.
6. Corro todas las mañanas un rato, pero no logro adelgazar un kilo.
7. Se esfuerza en parecer una persona culta, pero se le nota que su formación es muy superficial.
8. Aunque te resulte desagradable este asunto, no hay más remedio que discutirlo en la reunión del jueves.
9. Tiene un montón de ropa, pero no sabe arreglarse.
10. Vive muy lejos, pero siempre llega puntual a la oficina.
11. Aunque te parezca soso a primera vista, es una persona muy interesante.
12. Intenta estar alegre, pero yo sé que anda muy deprimido.

IV.7. 🔘

OIRA DOS VECES LA RESPUESTA A UNA PREGUNTA QUE USTED DEBE ELABORAR
LO MAS EXPLICITAMENTE POSIBLE (El ejercicio consta de cinco respuestas):

IV.8.

COMPLETE LAS SIGUIENTES FRASES CON LAS PARTICULAS ADECUADAS
SIN REPETIR NINGUNA:

pues	de modo que	salvo que	tal que
como	aun	mientras	no porque
así que	a pesar de que	a pesar de	que
en cuanto	de	pero	como si
si	por	ya que	donde

1. En los últimos años el movimiento migratorio se ha reducido ...... haber disminuido la petición de mano de obra.
2. Cogeremos el avión de las cuatro, ... surjan inconvenientes de última hora.
3. ...... me duela un poco la cabeza voy a quedarme en casa mano sobre mano.
4. El candidato a la presidencia tiene grandes posibilidades de vencer ...... las duras críticas de las que ha sido objeto.
5. ...... te interesó aquella película, también te gustará la que acaban de estrenar.
6. ...... ser verdad lo que dicen, tendremos que hacer algo porque corremos un grave peligro.
7. ...... siendo Muñoz el favorito indiscutible, fue vencido en la última etapa de la carrera por Galván, ... Muñoz pasa a ocupar el segundo lugar de la clasificación.
8. Gritaba en plena calle ...... de pronto se hubiera vuelto loco.
9. Nos hemos quedado sin gasolina, chicos; no nos queda más remedio, ..., que ir a pie hasta la gasolinera más próxima.
10. ...... esta empresa vuelva a suministrarnos productos defectuosos, dejaremos de ser sus clientes.
11. Ahora no puedo darte una dirección fija, pero, ... haya encontrado piso, te mandaré mis señas.
12. ...... llamáis a Enrique, yo iré a buscar un taxi. Decidle que nos espere en el portal ...... que no baje enseguida porque aún tardaremos unos veinte minutos.
13. Si no le da la gana de venir con nosotros, ... se quede solo en casa, aburriéndose.
14. El interés del público por lo que decía el conferenciante era ...... no se oía ni una mosca.
15. La verdad es que no recuerdo ...... nos conocimos.
16. ...... estás tan convencido de que tienes razón, ve y explícaselo a los demás.
17. Tenemos que tener terminada la traducción para las nueve, ... ya podemos ponernos manos a la obra.
18. ...... es un poco caradura, me cae simpático.

IV.9. ⊙⊙

COMPLETE EL TEXTO QUE HA SIDO LEIDO CON LAS PALABRAS O EXPRESIONES
DE LA LISTA:

El recluso Pacífico Pérez falleció en el Sanatorio ...... de Navafría, donde ...... condena, el 13 de septiembre de 1969. Ocho años antes fue ...... a muerte en garrote por el Tribunal que le ......, pena que le fue ...... por la de treinta años de ...... por clemencia del Jefe del Estado.

El día 11 de septiembre del ...... año, el recluso Pacífico Pérez sufrió, con ...... intermitencias, tres hemoptisis, ... fue internado en la ...... del penal y sometido a ...... de urgencia. A requerimiento suyo, fueron avisados su padre, don Felicísimo Pérez, y su tío, don Francisco Pérez, ... a las que asitió el que ...... por voluntad expresa del finado. En ...... de sus familiares, el susodicho Pacífico Pérez, ... al que suscribe, que ...... el tiempo ...... y si éste era su ......, podía dar a la estampa las conversaciones ...... entre ...... ocho años atrás, actitud que ratificó rubricando la correspondiente ....

......, el finado ...... con voz muy débil a su tío, don Francisco Pérez, y le dijo con un leve matiz de ......: «Estaba usted ......, tío; del suelo sí se puede pasar», a lo que el ...... asintió, asentimiento que el recluso Pacífico Pérez acogió con una lejana sonrisa.

......, se dirigió a su padre, don Felicísimo Pérez, expresando su deseo de ...... matrimonio con la señorita Cándida Morcillo.

Acto seguido, ... propia, el finado confesó y recibió la Comunión con plena ......, entrando una hora más tarde en ......, ..., don Anastasio Gómez, capellán de la prisión, ... compareció la señorita Cándida Morcillo, les bendijo «in artículo mortis», asistiendo a la ...... como ......, ante la negativa reiterada de don Felicísimo Pérez, el tío del finado don Francisco Pérez y el que estas ...... suscribe.

M. DELIBES, **Las guerras de nuestros antepasados**
(Texto adaptado)

líneas	deseo	reclusión
tratamiento	ceremonia	transcurrido
dado	Penitenciario	estado de coma
ambos	mencionado	contraer
cumplía	por lo que	pese a lo cual
a continuación	se dirigió	sostenidas
a petición	enfermería	reproche
testigos	equivocado	tan pronto
condenado	autorización	brevísimas
lucidez	juzgó	aludido
presencia	manifestó	entrevistas
conmutada	suscribe	seguidamente

97

IV.10.

COMPARE LAS FRASES DE CADA GRUPO SEÑALANDO LAS DIFERENCIAS ENTRE ELLAS. PARA ELLO IMAGINE SITUACIONES EN LAS QUE PODRIAN SER PRONUNCIADAS Y TRANSFORME LAS FRASES DE FORMA QUE ILUSTREN DICHAS SITUACIONES:

1. a)   Iba de lado.
    b)   Iba al lado.
    c)   Iba en el lado.
    d)   Iba por el lado.

2. a)   Se metió en el cuarto.
    b)   Se metió por el cuarto.
    c)   Se metió entre el cuarto.
    d)   Se metió con el cuarto.

3. a)   Se ocupa de esto.
    b)   Se ocupa con esto.
    c)   Se ocupa para esto.

4. a)   Lo hará contra el vecino.
    b)   Lo hará ante el vecino.
    c)   Lo hará por el vecino.
    d)   Lo hará hasta el vecino.

5. a)   Lo ha cogido de la mano.
    b)   Lo ha cogido con la mano.
    c)   Lo ha cogido a mano.
    d)   Lo ha cogido por la mano.

IV.11.

SEÑALE CON UNA CRUZ LA PALABRA QUE HA SIDO LEIDA:

1. a)   limite
    b)   limité
    c)   límite

2. a)   rosa
    b)   losa
    c)   loza
    d)   roza

3. a)   vómito
    b)   vomito
    c)   vomitó

4. a)   tiro
    b)   tilo
    c)   tiró

5. a) cazó
    b) casó
    c) caso
    d) cazo

6. a) pera
    b) perra
    c) pela

7. a) pasto
    b) basto
    c) vasto

8. a) poro
    b) porro
    c) boro
    d) borró

9. a) loro
    b) lloro
    c) lloró

10. a) hiena
    b) llena

11. a) valla
    b) valía

12. a) cepo
    b) cebó
    c) sebo
    d) cebo

13. a) era
    b) ira
    c) irá

14. a) leve
    b) levé
    c) lleve
    d) llevé

15. a) cero
    b) cerró
    c) cerro

16. a) curo
    b) curro
    c) curó

17. a) hallo
    b) halló
    c) halo

18. a) cojo
    b) corro
    c) coro

IV.12.

CONVIERTA EL SIGUIENTE TEXTO EN UN DIALOGO:

> **Ejemplo:** — Igual nos vamos a Alemania a trabajar...

«Teresa sacó pasteles y, mientras preparaba más café, insistió en que se sirvieran más coñac, más anís. Y la hermana de Leo anunció que igual se iban a Alemania, a trabajar en una fábrica de óptica de no sabía qué ciudad, donde a un buen técnico como Juan le pagaban barbaridades, que lo sabían por unos que ya estaban allí. Juan intervino, como contrariado por la forma de dar la noticia, puntualizando que no era que estuvieran decididos, pero que aquello ya no se podía aguantar porque nadie se movía ni hacía nada, y que eso era lo que querían los capitalistas, que el obrero que pensara un poco se cansara y se fuera al extranjero.

L. GOYTISOLO, **Recuento**
(Texto adaptado)

IV.13.

COMPLETE CON EL ARTICULO ADECUADO CUANDO SEA NECESARIO:

...... Guardia Urbana ha intervenido este fin de ...... semana ...... pastel de nata de ...... grandes proporciones, que iba destinado a uno de ...... detenidos en ...... Depósito Municipal de ...... presos, en ...... interior de ...... cual se encontraban ...... diez cápsulas conteniendo ...... heroína.

...... pastel de ...... nata, que fue entregado junto con dos ...... otras tartas en ...... Jefatura de ...... Policía Municipal de Sabadell por J. T. M., ... vecino de Cerdeñola, iba destinado a ...... detenido E. C. Estaba envuelto en ...... papel habitual de ...... establecimiento muy céntrico, pero levantó ...... sospechas de ...... guardias, porque se notaba que había sido abierto por ...... mitad. ...... guardias procedieron a trocear ...... tarta, descubriendo en ...... su interior ...... diez cápsulas que contenían ...... droga en ...... polvo.

EL PERIÓDICO
(Texto adaptado)

IV.14.

A PARTIR DE LAS FRASES PROPUESTAS CONSTRUYA UNA SOLA FRASE COMPUESTA, REALIZANDO LAS TRANSFORMACIONES NECESARIAS Y AÑADIENDO PARTICULAS SUBORDINANTES (Explote varias posibilidades para cada grupo de frases):

1. | No dices la verdad.
   | Es absurdo.
   | Me molesta.

2. | Antonio me regaló un encendedor.
   | Perdí el encendedor el miércoles.
   | Me di cuenta el jueves.
   | Yo tenía mucho cuidado con el encendedor.

3. | El domingo salió con una chica.
   | Tú le presentaste a esa chica.
   | No le cayó bien
   | Está muy aburrido
   | No tiene amigos en la ciudad.

4.
> Jorge contó algo.
> Era interesante.
> No lo recuerdo.

IV.15.

1. ¿...... el número de teléfono de los bomberos? Deberíamos llevarlo apuntado.

    a) te recuerdas de
    b) te acuerdas de
    c) recuerdas de
    d) acuerdas

2. Yo no encuentro objeción ...... que hacerles, ¿y tú?

    a) otra
    b) alguna
    c) ninguno
    d) alguno

3. Según este artículo, la crisis económica hace que se ...... más.

    a) derroche
    b) derrocha
    c) derrochara
    d) derrochaba

4. Mira, Ana, conmigo no tienes por qué ...... Te conozco de sobra.

    a) esconder
    b) disimular
    c) ocultar
    d) disfrazar

5. Deberías bajar a buscar ...... cuantas cervezas. ...... botellas que compramos ayer se han terminado.

    a) Ø   a) unas
    b) las   b) las
    c) unas   c) Ø
    d) algunas   d) algunas

6. Estás agotado, Miguel: te iría bien tomarte ...... de vacaciones.

   a) una época
   b) un momento
   c) un rato
   d) una temporada

7. ...... intente caernos simpático, no lo logrará.

   a) por muy que
   b) por poco que
   c) por mucho que
   d) por tanto que

8. El equipo de fútbol llegará en el avión de las 17,30, ... ocurra algo imprevisto.

   a) mientras que
   b) si no
   c) salvo que
   d) excepto

9. Lo poco que dijo fue que no ...... nada malo. Acto seguido la policía lo introdujo en el coche celular.

   a) ha hecho
   b) haría
   c) hiciera
   d) había hecho

10. No dijo ni mu en toda la tarde ...... estuviera a disgusto, sino porque es así.

    a) no porque
    b) porque
    c) aunque
    d) mientras

11. Dijo estar de acuerdo con todo lo que se ...... en la reunión, pero, a la hora de la verdad, hizo lo que le dio la gana.

    a) decida
    b) decidirá
    c) había decidido

12. Mi madre, ... me retraso un poco en llegar, piensa que me ha pasado algo malo.

    a) pues
    b) así que
    c) cuanto
    d) durante

13. Carmen ...... de profesora de español, pero se licenció en Historia moderna.

    a) es
    b) está
    c) se encuentra
    d) se dedica

14. ¡Hombre, por fin! Hacía siglos que no nos veíamos: ......

    a) ¿qué pasa?
    b) ¿cómo dices?
    c) ¿qué cuentas?
    d) ¿qué te parece?

15. Durante el aterrizaje, en el avión, no se ...... una mosca. Todo el mundo ...... muerto de miedo, pero, al final, no pasó nada anormal.

    a) oía   a) estuvo
    b) oyó   b) estaba

16. Va, empecemos a cenar de una vez. Tengo ...... hambre feroz.

    a) la
    b) Ø
    c) un
    d) el
    e) una

17. Aunque lo ...... en la cárcel, ha decidido hacer esas declaraciones.

    a) meten
    b) metan
    c) meterían

18. Antonio nos dio la mar de explicaciones del porqué de su separación, ... tuviera miedo de nuestra reacción.

    a) como
    b) si
    c) porque
    d) como si

19. Me molesta enormemente que en el cine la gente ...... comentando las películas.

    a) van
    b) vaya
    c) va
    d) vayan

20. Suponemos que los atletas rusos ...... varias medallas.

   a) conseguirán
   b) consigan
   c) conseguirían

21. Venga, déjate ...... tonterías y arréglate para salir, que nunca vamos por ahí.

   a) por
   b) sin
   c) de
   d) sobre

22. Manuel hizo la traducción sin disponer de un buen diccionario, ... le pareció muy difícil.

   a) porque
   b) como
   c) pues
   d) por lo que

23. Nos pidió que le mandáramos una postal cuando ...... de viaje.

   a) seamos
   b) estemos
   c) estaríamos
   d) seríamos

24. Joaquín Marco, en la entrevista, demostró tener ...... sentido del humor fuera de lo común.

   a) un
   b) algún
   c) el
   d) Ø

25. Hacen un llamamiento para que, si alguien ...... el paradero de Pepe Martín Alvárez, lo ...... inmediatamente a la comisaría más próxima.

   a) conozca   a) comunicará
   b) conocerá   b) comunique
   c) conocería   c) comunicaría
   d) conoce   d) comunica

26. El jurado está a punto de dar a conocer su fallo. ¡Ojalá le ...... el primer premio a Luis Quintana! Su libro de memorias es muy bueno.

   a) dan
   b) darán
   c) den
   d) darían

27. ...... absurdo que parezca, a pesar de su experiencia docente, no lo han admitido en la Universidad.

a) por
b) aunque
c) aun
d) como

28. Quisiera pedirte un favor. Cuando ...... a Pamela dale este recado de parte de su cuñado.

a) verás
b) ves
c) vieras
d) veas

29. Parece ser que ...... las mujeres tengan menos infartos se debe a su posterior incorporación al mundo laboral. En poco tiempo las cifras se igualarán.

a) lo que
b) eso que
c) el hecho de que
d) por lo que

30. Te diré una cosa si me prometes no echarte ...... reir.

a) en
b) a
c) de
d) por

CICLO V

V.1.

El solitario mexicano ama las fiestas y las reuniones públicas. Todo es ocasión para reunirse. Cualquier pretexto es bueno para interrumpir la marcha del tiempo y celebrar con festejos y ceremonias, hombres y acontecimientos. Somos un pueblo ritual. Y esta tendencia beneficia a nuestra imaginación tanto como a nuestra sensibilidad, siempre afinadas y despiertas. El arte de la Fiesta, envilecido en casi todas partes, se conserva intacto entre nosotros. En pocos lugares del mundo se puede vivir un espectáculo parecido al de las grandes fiestas religiosas de México, con sus colores violentos, agrios y puros, sus danzas, ceremonias, fuegos de artificio, trajes insólitos y la inagotable cascada de sorpresas de los frutos, dulces y objetos que se venden esos días en plazas y mercados.

Nuestro calendario está poblado de fiestas. Ciertos días, lo mismo en los lugarejos más apartados que en las grandes ciudades, el país entero reza, grita, come, se emborracha y mata en honor de la Virgen de Guadalupe o del General Zaragoza. Cada año, el 15 de septiembre, a las once de la noche, en todas las plazas de México celebramos la Fiesta del Grito; y una multitud enardecida efectivamente grita por espacio de una hora, quizá para callar mejor el resto del año. Durante los días que preceden y suceden al 12 de diciembre, el tiempo suspende su carrera, hace un alto y en lugar de empujarnos hacia un mañana siempre inalcanzable y mentiroso, nos ofrece un presente redondo y perfecto de danza y juerga, de comunión y comilona con lo más antiguo y secreto de México. El tiempo deja de ser sucesión y vuelve a ser lo que fue, y es, originariamente: un presente en donde pasado y futuro al fin se reconcilian.

Pero no bastan las fiestas que ofrecen a todo el país la Iglesia y la República. La vida de cada ciudad y de cada pueblo está regida por un santo, al que se festeja con devoción y regularidad. Los barrios y los gremios tienen también sus fiestas anuales, sus ceremonias y sus ferias. Y, en fin, cada uno de nosotros —ateos, católicos o indiferentes— poseemos nuestro santo, al que cada año honramos. Son incalculables las fiestas que celebramos y los recursos y tiempo que gastamos en festejar. Recuerdo que hace años pregunté al presidente municipal de un poblado vecino a Mitla: «¿A cuánto ascienden los ingresos del municipio por contribuciones?» «A unos tres mil pesos anuales. Somos muy pobres. Por eso el señor gobernador y la federación nos ayudan cada año a completar nuestros gastos». «¿Y en qué se utilizan esos tres mil pesos?» «Pues casi todo en fiestas, señor. Chico como lo ve, el pueblo tiene dos Santos Patrones».

Esa respuesta no es asombrosa. Nuestra pobreza puede medirse por el número y suntuosidad de las fiestas populares. Los países ricos tienen pocas: no hay tiempo, ni humor. Y no son necesarias; las gentes tienen otras cosas que hacer y cuando se divierten lo hacen en grupos pequeños. Las masas modernas son aglomeraciones de solitarios. En las grandes ocasiones, en París o en Nueva York, cuando el público se congrega en plazas o estadios, es notable la ausencia de pueblo: se ven parejas y grupos, nunca una comunidad viva en donde la persona humana se disuelve y rescata simultáneamente. Pero un pobre mexicano, ¿cómo podría vivir sin esas dos o tres fiestas anuales que lo compensan de su estrechez y de su miseria? Las fiestas son nuestro único lujo; ellas sustituyen, acaso con ventaja, al teatro y las vacaciones, al «week end» y al «cocktail party» de los sajones, a las recepciones de la burguesía y al café de los mediterráneos.

En esas ceremonias —nacionales, locales, gremiales o familiares— el mexicano se abre al exterior. Todas ellas le dan ocasión de revelarse y dialogar con la divinidad, la patria, los amigos o los parientes. Durante esos días el silencioso mexicano silba, grita, canta, arroja petardos, descarga su pistola en el aire. Descarga su alma. Y su grito, como los cohetes que tanto nos gustan, sube hasta el cielo, estalla en una explosión verde, roja, azul y blanca, y cae vertiginoso dejando una cauda de chispas doradas. Esa noche los amigos, que durante meses no pronunciaron más palabras que las prescritas por la indispensable cortesía, se emborrachan juntos, se hacen confidencias, lloran las mismas penas, se descubren hermanos y, a veces, para probarse, se matan entre sí. La noche se puebla de canciones y aullidos. Los enamorados despiertan con orquestas a las muchachas. Hay diálogos y burlas de balcón a balcón, de acera a acera. Nadie habla en voz baja. Se arrojan los sombreros al aire. Las malas palabras y los chistes caen como cascadas. En ocasiones, es cierto, la alegría acaba mal: hay riñas, injurias, balazos, cuchilladas. También eso forma parte de la fiesta. Porque el mexicano no se divierte: quiere sobrepasarse, saltar el muro de soledad que el resto del año lo incomunica. Todos están poseídos por la violencia y el frenesí. Las almas estallan como los colores, las voces, los sentimientos. ¿Se olvidan de sí mismos, muestran su verdadero rostro? Nadie lo sabe. Lo importante es salir, abrirse paso, embriagarse de ruido, de gente, de color. México está de fiesta. Y esa Fiesta, cruzada por relámpagos y delirios, es como el revés brillante de nuestro silencio y apatía, de nuestra reserva y hosquedad.

O. PAZ, **Todos santos, día de muertos** en **Los signos en rotación y otros ensayos**
(Texto adaptado)

V.1.1.

COMPLETE LAS SIGUIENTES FRASES CON PALABRAS O EXPRESIONES DE LA LISTA:

ocasión	cada	acabar mal
tendencia	contribuciones	parientes
espectáculo	por eso	miseria
sensibilidad	popular	formar parte
ciertos	humor	chistes
inagotable	pobreza	hacer confidencias (a alguien)
emborracharse	ausencia	compensar
por espacio de	cosas que hacer	el revés
anual	con ventaja	indispensable
pronunciar	explosión	único

1. Es mejor que esta mañana no le digas nada al jefe de lo que discutimos ayer. Me da la impresión de que está de muy mal ......
2. El propietario de la casa nos ha dicho que las ...... municipales las debemos pagar los inquilinos, pero nosotros creemos que eso es cosa suya.
3. ¿Habéis oído ese estruendo? Parece que haya habido una ...... cerca de aquí.
4. La ...... de representantes del gobierno en el entierro fue muy censurada por los medios de comunicación.
5. Han montado un grupo de teatro y se dedican, sobre todo, a organizar ...... infantiles.
6. Mateo tiene un ...... sentido del humor. Además, cuando empieza a contar ...... no hay quien lo pare.
7. Tú debes inspirar una confianza especial a la gente porque todo el mundo se dedica a ......
8. Tiene un vocabulario muy amplio y sabe mucha gramática, pero ...... las erres fatal.
9. Es absolutamente ...... que vayas personalmente al banco a hacer esa gestión.
10. Me comentó que se moría de ganas de venir a pasar una temporada con vosotros, tal y como os había prometido, pero que tenía muchas ...... y que, por el momento, le era del todo imposible.
11. Aunque algunos no lo quieran reconocer, en algunas regiones españolas hay todavía mucha ......
12. Lo siento, pero tendrán que esperar aún ...... un par de horas.
13. Es una película de una gran ......, pero además el problema que plantea está tratado desde un punto de vista muy crítico.
14. Yo le dije que no le ...... cambiar de empleo: iba a ganar lo mismo y estaría mucho menos libre.
15. El domingo nos visitaron unos ...... lejanos de la parte de mi padre a los que yo apenas conocía.
16. El atleta francés adelantó en los últimos metros al checo y acabó ganándole ......
17. Vilas, hace años, ... de la junta directiva del club, pero, últimamente, se ha desvinculado mucho de todas las actividades que allí se llevan a cabo.
18. Pomés no es muy amante de exponer sus ideas en público, pero a mí me parece que, de manifestar alguna ...... política, sería hacia la derecha.

19. Estaban ahí todos los hermanos Puente. El ...... que faltaba era el padre.
20. Desde el primer momento notamos un clima muy tenso y muchos adivinamos que todo aquello ......
21. Le gusta beber, no es que ......
22. Elvira tiene una preciosa colección de cerámica ...... Colecciona, sobre todo, botijos.
23. Toni da clases a adolescentes en un barrio de chabolas. Es un trabajo muy duro porque por ahí hay mucha ......;...... le notas algo cambiado.Ha madurado mucho.
24. ...... sectores de la alta burguesía no han querido adaptarse a la nueva situación socio-política y desearían una vuelta al pasado.
25. No analicemos las cosas superficialmente. Hay que ver el derecho y ...... de ...... una de las dos opiniones expuestas hasta aquí.
26. La reunión ...... de la asociación tuvo lugar el pasado día 2 de marzo.
27. Tienes que aprovechar esta ...... para demostrar lo que vales. ¡Quién sabe cuándo vas a disponer de una oportunidad parecida!

V.1.2.

COMPLETE LAS SIGUIENTES FRASES CON PALABRAS O EXPRESIONES DE LA LISTA:

barrio	interrumpir	pueblo
hace años	beneficiar	ceremonia
ingresos	empujar	reconciliarse
dejar de ser	comilona	volver a ser
apartado	municipal	conservarse intacto
violento	agrio	cualquier pretexto es bueno
acontecimiento	entero	no bastar
público	objetos	en lugar de
tanto como	mercados	

1. El estreno de esta película ha sido considerado por toda la crítica el ...... cinematográfico más importante del año.
2. El aumento de las tarifas del transporte ...... ha suscitado muchas protestas por parte de los usuarios, porque es ya el segundo que hacen en lo que va de año.
3. Teresa y yo no ...... buenas amigas; lo que pasa es que no tenemos tiempo ni ocasión de vernos más a menudo.
4. Pasamos el fin de semana en la casa de campo de Maruja y Julián. Como Maruja cocina tan bien, hicimos una ...... terrible y yo, luego, estuve toda la tarde con una indigestión monstruosa.
5. Ya sé que tienes un montón de exámenes la semana que viene, pero no me digas que te vas a pasar el día ...... encerrado estudiando.
6. Una de las cosas que me encanta hacer cuando viajo es visitar los ...... populares. Me da la impresión de que dicen mucho de las costumbres de un ......

7. La boda será en un pueblecito, en los alrededores de Madrid, pero me han dicho que no van a hacer ninguna ...... religiosa.
8. ¿No te parece que Francisco es muy perezoso? Para él, ... para no ir a la escuela.
9. Se fue la luz no sé cuántas veces, por lo que tuvimos que ...... la clase en varias ocasiones.
10. Parece ser que esta nueva ley va a ...... un poco a los pequeños empresarios, muchos de los cuales estaban atravesando una época algo difícil.
11. No me gusta nada el boxeo. Lo considero un espectáculo demasiado ......
12. ¿No notas que la leche está un poco ......? Se habrá estropeado porque anoche la dejé fuera de la nevera.
13. Esta mañana estuve en la sección de ...... perdidos del Ayuntamiento, pero no ha aparecido mi bolso. Ya me he hecho la idea de no encontrarlo.
14. Es un monasterio románico digno de ser visitado. El único inconveniente es que se encuentra en un lugar bastante ......
15. Por favor, no ......; todos podréis entrar.
16. En la capilla de debajo de la iglesia han encontrado un retablo muy antiguo y, según dicen, ...
17. Los dos hermanos riñieron por cuestiones económicas y pasaron varios años sin dirigirse la palabra, pero el verano pasado ......
18. Viven en un ...... un poco alejado del centro, pero muy tranquilo y agradable.
19. Los ...... del Hospital ...... no bastan para cubrir todos los gastos.
20. Acabo de acordarme de que, ..., me ocurrió algo muy parecido a mí en el aeropuerto de Santiago de Compostela.
21. El hecho de que no todos los alumnos de este grupo tengan el mismo nivel perjudica a los avanzados ...... a los otros.
22. Estrenaron esta obra en el 68; ahora la hacen de nuevo y, si no me equivoco, va a ...... un éxito.
23. Sigo sin confiar demasiado en ese tipo. ...... con hacer promesas, las cosas hay que demostrarlas en la práctica.
24. Hernández me dijo que ...... venir él personalmente mandaría a su secretario.

V.1.3.

COMPLETE LAS SIGUIENTES FRASES CON PREPOSICIONES:

1. He pensado que ...... lugar ...... ir al cine podríamos quedarnos en casa.
2. Michel llegará a ser un excelente profesor si consigue no hablar ...... voz tan baja.
3. Es una pena que se invierta tan poco dinero ...... restaurar los edificios antiguos de la ciudad.
4. ¡Niño, deja ya ...... molestar con la pelota!
5. Por problemas técnicos interrumpieron la emisión ...... espacio ...... una hora.
6. ¿Estás informado de ...... cuánto ascienden los beneficios anuales?
7. Para realizar este trabajo lo mejor es que se distribuyan ustedes ...... grupos de cuatro.

8. Una de las más típicas características de este barrio es que todo el vecindario habla ...... balcón ...... balcón.
9. Mis amigotes no pueden vivir ...... irse de copas cada día.
10. Los Lecha se gastan la mitad del sueldo ...... pagar los colegios de los niños.
11. ¡La que faltaba! Me he olvidado ...... el billetero y no tengo ni para el autobús.
12. Agustín habló tanto que no nos dio ocasión ...... intervenir en el debate.

V.1.4.

TRANSFORME LEXICA Y SINTACTICAMENTE LOS SIGUIENTES PARRAFOS,
MANTENIENDO, EN LA MEDIDA DE LO POSIBLE, LA MISMA INFORMACION:

1. «Ciertos días, lo mismo en los lugarejos más apartados que en las grandes ciudades, el país entero reza, grita, come, se emborracha y mata en honor de la Virgen de Guadalupe o del General Zaragoza.»

2. «Un pobre mexicano, ¿cómo podría vivir sin esas dos otras fiestas anuales que le compensan de su estrechez y de su miseria? Las fiestas son nuestro único lujo.»

3. «El solitario mexicano ama las fiestas y las reuniones públicas. Todo es ocasión para reunirse. Cualquier pretexto es bueno para interrumpir la marcha del tiempo.»

V.1.5.

COMPLETE LAS SIGUIENTES FRASES CON LOS VERBOS **SER** O **ESTAR**, SEGUN CONVENGA,
EN LOS TIEMPOS Y MODOS ADECUADOS:

1. Si el lunes os vais a ver a solas, ... una buena ocasión para ponerle las cosas claras a Eugenio.
2. ¡Menudo ruido! Seguro que los del ático vuelven a ...... de fiesta.
3. Las pérdidas causadas por la sequía ......, de momento, incalculables.
4. No creo que, hoy en día, pueda considerarse que tener un pequeño coche ...... un lujo.
5. ¿...... cierto lo que nos ha contado Miguel? ¡Quién lo hubiese imaginado!
6. No te puedes imaginar lo bien que toca el violín. ...... asombroso para un niño de su edad.
7. No creo que ...... necesario que nos quedemos con el enfermo toda la noche. Hoy está francamente mejor.
8. Es cierto que este país ...... pobre, pero dispone de muchos recursos naturales aún por explotar.
9. Lo importante ...... llegar a hacer lo que uno tiene ganas, y lo demás son tonterías, según Rita.
10. La empresa ...... regida por una comisión en la que participan varios representantes sindicales.

V.1.6.

Describa una fiesta popular que haya presenciado usando las siguientes palabras o expresiones, entre otras:

reunirse
celebrar
en casi todas partes
espectáculo
ciertos
lo mismo
entero
emborracharse
cada
multitud
divertirse

el resto del año
suceder
ofrecer
juerga
comilona
volver a
al fin
anual
completar
humor
sustituir

V.2.

COMPLETE EL SIGUIENTE TEXTO CON LOS TIEMPOS Y MODOS ADECUADOS
(El texto está en pasado):

Fue una época de incendios. No (PASAR)...(1) día sin que, en algún momento, se (OÍR)...(2) las sirenas de los bomberos. Los periódicos (COMENTAR)...(3) la racha al anunciar que en tal almacén, en una nave de tal industria, en el número tal de tal y tal calle, a pesar de o gracias a la oportuna y eficaz intervención de los bomberos, etc. Raúl (LEER)...(4) a la sombra del ciruelo, en la parte de atrás del jardín. Cada día (LEVANTARSE)...(5) tarde y mientras (DESAYUNAR)...(6), Eloísa (RECOGER)...(7) las ciruelas caídas. (DECIR)...(8) que (SER)...(9) las mejores y (QUEJARSE)...(10) de que, no bien (AMANECER)...(11), los pájaros (VENIR)...(12) a comérselas. Cuando (TENER)...(13) ganas de charlar (SENTARSE)...(14) en los escalones, con las ciruelas en el delantal y, a partir de cualquier pregunta sin importancia, le (HACER)...(15) dejar la lectura y (CONVERSAR, ellos)...(16) un rato. Aquel día le (CONTAR)...(17) que en la compra nadie (PODER)...(18) creer que su pelo (SER)...(19) natural, aquella gruesa trenza arrollada como una corona que ahora (TOQUETEARSE)...(20) con mimo, rechoncha y satisfecha. Raúl le (HACER)...(21) alguna broma acerca de los hombres y ella (ASEGURAR)...(22) que, por más que (METERSE)...(23) con ella, ni (MOLESTARSE)...(24) en mirarles. (SER)...(25) preguntas y respuestas ya sabidas, comentarios ya comentados, una charla siempre mantenida en el tono adecuado. ¿Cuántos años (DEBER)...(26) tener? ¿Cincuenta y algo, bajo aquella apariencia a la vez infantil y coqueta? (SALIR)...(27) misteriosamente los jueves y los domingos por la tarde. A ver unos parientes (DECIR)...(28).

De vez en cuando (CAER)...(29) una nueva ciruela y, si Raúl (QUEDARSE)...(30) solo, no (TARDAR)...(31) en (OÍRSE)...(32) el rebullir de los pájaros entre las hojas. Luego (DAR)...(33) un paseo.

L. GOYTISOLO, **Recuento**
(*Texto adaptado*)

V.3.

COMPLETE LAS SIGUIENTES FRASES CON LOS VERBOS **SER** O **ESTAR**, SEGUN CONVENGA:

1. Es un edificio muy interesante: ...... construido en los años veinte.
2. Griselda no vino a la cena porque ...... mala.
3. ¡Vamos a ver! Hoy ...... a 14 de marzo. Quedamos, pues, en vernos el 20.
4. Silvia llevaba un traje negro muy escotado y ...... guapísima.
5. Veo que ...... muy contento. ¿Has recibido alguna buena noticia?
6. En cuanto llegaron las ambulancias, los heridos ...... transportados al hospital.
7. Me han dicho que la conferencia ...... en el Aula Magna, pero no ...... seguro.
8. ...... a punto, varias veces, de abandonar la carrera, pero creo que al final la terminó.
9. Reconoció que no decir la verdad desde el primer momento ...... un error.
10. Hemos decidido que la próxima reunión del equipo de trabajo ...... en casa de Felipe.
11. Plánchate la falda. ...... muy arrugada.
12. Se van a echar a perder todas las ciruelas. ...... muy maduras.
13. ...... en Bilbao donde nos vimos la última vez. Yo ...... allí pasando unos días por cuestiones de trabajo.
14. No vamos a poder ducharnos. Creo que el calentador ...... estropeado y el agua ...... helada.
15. No le hagas caso y haz como si tal cosa: ...... de broma.

V.4.

TRANSFORME LAS SIGUIENTES FRASES SEGUN EL MODELO:

> **Modelo:** Necesitamos | saber | la respuesta de Angel | el miércoles |
>   a   b   c
>
> a) Es saber la respuesta de Angel el miércoles **lo que** necesitamos.
> b) Es la respuesta de Angel **lo que** necesitamos saber el miércoles.
> c) Es el miércoles **cuando** necesitamos saber la respuesta de Angel.

1. Anteayer Gabriel le dio el cheque a Tomás en el despacho.
2. Este artículo se publicó el año pasado en una revista de Zaragoza.
3. Emilio se puso enfermo durante el viaje.
4. Cecilia le ha prestado la moto a Lola esta mañana.
5. Hace dos meses hicieron una reunión muy importante en Sevilla.

6. Vi a Magdalena por última vez en la costa durante las vacaciones.
7. María Luisa me explicó el problema de Teresa el domingo por la noche, en el bar de Jaime.
8. Enrique participaba en primavera en el simposium de Tarragona.
9. Los Grau consiguieron un premio en el concurso del sábado.
10. A las diez y media nos encontraremos con Julián en la estación.

V.5.

V.5.1.

Describa la situación usando, entre otras, las palabras o expresiones de la lista:

cola
impresos
pólizas
burocracia
funcionarios
disponerse a
pacientemente
lío de
acumular
documento

firmar
darse cuenta de
no quitar el ojo de encima
funcionar
desbarajuste
fuera de plazo
exigir
poner pegas
faltar
rellenar

presentar
trámites
atrasados
por duplicado
papeleo
sin falta
oficina
datos personales
traspapelar
expediente

V.5.2.

Imagine los pensamientos del señor que presenta los documentos ante la cola de funcionarios, utilizando, entre otras, las siguientes expresiones:

¡Quién...!
¡Con la (de)...!
Hacer sudar tinta.
¡Verás la que te espera!
Seguro que...
A lo mejor...
¡Ojalá no...!
¡Que...!
¡Qué...!

V.5.3.

Invente una conversación entre dos personas que esperan ser atendidas, usando, entre otras, las siguientes expresiones:

Yo que él...
Hartarse de...
Un montón de...
¡Va bueno!
¡Va bien servido!
Más vale que...
Pasarse de rosca.
Ser una vergüenza.

V.5.4.

Elabore varias hipótesis sobre las causas por las que el señor va a ser atendido por semejante número de funcionarios. Utilizando:

A lo mejor...
Puede ser que...
Es posible que...
Tal vez...
Quizás...
Probablemente...
Será que...
Suponiendo que...

V.5.5.

COMPLETE LAS SIGUIENTES FRASES CON LOS TIEMPOS Y MODOS ADECUADOS:

1. A la gente de la cola no le sorprende demasiado que la burocracia (FUNCIONAR) ...... tan lentamente.
2. Todos están preparados a que les (DECIR) ...... que (VOLVER) ...... mañana.
3. El perplejo solicitante ve que un montón de funcionarios (DISPONERSE) ...... a ponerle pegas y empieza a dudar de que sus papeles (ESTAR) ...... en regla.
4. Uno de los de la cola piensa que (ESTAR, él) ...... primero, pero que varios se le (COLAR) ......
5. Los funcionarios no sólo van a comprobar que los impresos (RELLENARSE) ...... correctamente, sino que (DEDICARSE) ...... a controlar que la gente no (OLVIDAR) ...... ningún trámite.
6. El solicitante no se da cuenta de lo que le (ESPERAR) ......, pero advierte que pronto (SURGIR) ...... dificultades.
7. La Administración exige que la entrega de los impresos (CEÑIRSE) ...... a los plazos previstos, (PASAR) ...... lo que (PASAR) ......
8. Cuando el último funcionario (ACABAR) ...... su misión, no quedará en el impreso rincón alguno para que (PODER) ...... ponerse un sello más.
9. Aun suponiendo que la cola (AGILIZARSE), ... es muy probable que, cuando les (TOCAR) ...... a los últimos, ya (SER) ...... hora de cerrar.

V.6.

TRANSFORME LAS SIGUIENTES FRASES SEGUN LA ESTRUCTURA PROPUESTA:

1. Si no se da prisa, perderá el tren.
    Como...
2. Nos reuniremos el día 27 si no surgen incovenientes imprevistos.
    Salvo que...
3. Si estoy mucho rato de pie, me duele la espalda.
    Cuando...
4. Como no cumpla su palabra, me va a oír.
    Si...
5. Encontrándose enfermo, no debería ir a la escuela.
    Mientras...
6. Trabajaremos juntos con tal de que acepte algunos de mis puntos de vista.
    Si...
7. No le contradigas hasta que esté de mejor humor.
    Mientras...
8. Te lo contaré todo, pero no debes decírselo a nadie.
    Con tal de que...
9. No podéis decidir nada si no se lo habéis consultado a Guerrero.
    Sin...
10. Si llego a saber que era tan aburrido, no vengo.
    De...
11. Si no salimos pitando, seguro que llegamos tarde.
    Como...
12. Si te encuentras mal, no dudes en llamarme y vendré volando.
    De...

V.7.

OIRA DOS VECES LA RESPUESTA A UNA PREGUNTA QUE USTED DEBE ELABORAR
LO MAS EXPLICITAMENTE POSIBLE (El ejercicio consta de cinco respuestas):

V.8.

TRANSFORME LAS SIGUIENTES FRASES SUPRIMIENDO LO SUBRAYADO
Y SUSTITUYENDOLO POR PERIFRASIS VERBALES DE LA LISTA, SEGUN CONVENGA:

Ir a + infinitivo
Volver a + infinitivo
Ponerse a + infinitivo
Dejar de + infinitivo
Acabar de + infinitivo
Venir a + infinitivo

Venir + gerundio
Llevar + gerundio
Andar + gerundio
Seguir + gerundio
Acabar + gerundio
Ir + gerundio

1. Hacia las cinco **empezó** a llover y decidimos regresar a casa.
2. **Ya veréis** como Eulalia **se enfadará** cuando sepa que no la hemos esperado.
3. Está muy angustiado porque ya **hace** seis meses **que busca** trabajo y no encuentra.
4. ¡Qué bien! Ya **no me duele** la barriga.
5. A pesar de lo que me has contado, **todavía pienso** que no hiciste lo que debías.
6. Eduardo suspendió el examen de entrada a la Universidad el año pasado. Este año **se presenta de nuevo.**
7. Cuando Vd. ha llegado, **hacía un momento que** el Sr. Ramírez **había salido** para su casa.
8. Entre una cosa y otra Gustavo **ganará unas** cien mil pesetas al mes.
9. Jacinto y Ana no se entienden. Siempre **se pelean.**
10. Al principio la ciudad me desagradaba, pero **al final** me acostumbré e incluso **me gustaba.**
11. Este cantante me entusiasma. **Compro** todos los discos que salen.
12. A mi entender, últimamente, la prensa **trae** noticias realmente alarmantes.

V.9. 🔘🔘

ESCUCHE ATENTAMENTE EL TEXTO (J. CORTAZAR, **Territorios**) Y RECONSTRUYALO
CON EL LEXICO Y LAS EXPRESIONES DE LA SIGUIENTE LISTA, INTENTANDO
REPRODUCIR CON UN MAXIMO DE FIDELIDAD, TANTO SU CONTENIDO COMO SU FORMA:

empezaron por
de la boca
él mismo
hacia abajo
le quitaron
cumpleaños
la corbata
la casa vecina
el disco del teléfono

ayudó a salirse
por precaución
esa noción de que Ezra Pound no era un gran poeta
voluntariamente
de ver de cerca
de sol
casi
ni siquiera
el alfabeto
a los diez años
de Earl Hines
lo que faltaba
llevan tiempo
empezó a
el hombre de blanco
el tiempo necesario
al final
dieron
un hueso
lo que sigue
cualquier

V.10.

COMPARE LAS SIGUIENTES FRASES SEÑALANDO LOS SIGNIFICADOS DE CADA UNA
DE ELLAS (Para ello imagine situaciones en las que podrían ser pronunciadas):

1. a) Dio con la moto.
    b) Dio contra la moto.
    c) Le dio por la moto.
    d) Tanto le da la moto.

2. a) Le dio en la cara.
    b) Dio la cara.
    c) Se la dio en la cara.
    d) ¡Qué más da la cara!

3. a) Le daría por hablar.
    b) Daría que hablar.
    c) Daría algo por hablar.

4. a) Se las da de buena.
    b) Se las da por buenas.
    c) Las da por buenas.
    d) Le da por las buenas.

5. a) No da más.
   b) No daba para más.
   c) ¡Qué más daba!

6. a) Le dio por el vino.
   b) Se dio al vino
   c) Dio vino.

7. a) Dio por buena la solución.
   b) Dio con la buena solución.
   c) Dio una buena solución.

8. a) Le dio la espalda.
   b) Le dio en la espalda
   c) Lo dio de espaldas.

V.11.

SEÑALE CON UNA CRUZ LA FRASE QUE HA SIDO PRONUNCIADA:

1. a) Habla italiano.
   b) ¡Habla italiano!
   c) ¿Habla italiano?

2. a) No es suyo.
   b) No, es suyo.
   c) ¿No es suyo?
   d) No, ¿es suyo?

3. a) No, le gusta.
   b) No le gusta.
   c) ¿No le gusta?

4. a) Sí, os lo dimos ayer.
   b) ¡Si os lo dimos ayer!

5. a) Lo has visto.
   b) ¿Lo has visto?
   c) ¡Lo has visto!

6. a) ¿Qué hora es?
   b) ¡Qué hora es!

7. a) Sí, quiero leer.
   b) Si quiero leer...

8. a) ¿Cuánta gente?
   b) ¡Cuánta gente!

9. a) No lo quieres.
   b) ¿No lo quieres?
   c) No, ¿lo quieres?

10. a) ¿Qué pasó?
    b) ¡Que paso!
    c) ¿Qué? ¿Paso?

V.12.

> **Ejemplo:** Serafín el Bonito le preguntó a Max cómo se llamaba.

SERAFIN EL BONITO: ¿Cómo se llama usted?
MAX: Mi nombre es Máximo Estrella. Mi seudónimo Mala Estrella. Tengo el honor de no ser académico.
S.B.: Está usted propasándose. Guardias, ¿por qué viene detenido?
UN GUARDIA: Por escándalo en la vía pública y gritos internacionales. ¡Está algo briago!
S.B.: ¿Su profesión?
M.: Cesante.
S.B.: ¿En que oficina ha trabajado usted?
M.: En ninguna.
S.B.: ¿No ha dicho usted que cesante?
M.: Cesante de hombre libre y pájaro cantor. ¿No me veo vejado, vilipendiado, encarcelado, cacheado e interrogado?
S.B.: ¿Dónde vive usted?
M.: Bastardillos. Esquina a San Cosme. Palacio.
UN GUINDILLA: Diga usted casa de vecinos.
M.: Donde yo vivo siempre es un palacio.
G.: No lo sabía.
M.: Porque tú, gusano burocrático, no sabes nada.
S.B.: ¡Queda usted detenido!
M.: ¡Bueno! ¿Latino, hay algún banco donde pueda echarme a dormir?

R. del VALLE INCLÁN, **Luces de bohemia**
(Texto adaptado)

V.13.

> **Modelo:** No estoy completamente **convencida,** pero acepto vuestra solución.
> **Convencida** no **lo** estoy completamente, pero...

1. No recibí **las revistas que había solicitado.** Sólo recibí un catálogo.
2. Pídele **el número de teléfono de Juana** a Jaime. Yo no lo tengo.

3. Hicimos **todo el viaje** en autobús, no sólo de Madrid hasta aquí.
4. Nuria compró **el tocador** en un anticuario. El resto era de mi abuela.
5. Margarita se comió **los bombones,** no los niños.
6. Seguramente este artículo interesará **a Manuel.**
7. Cogí la maleta negra y dejé **las otras** en el maletero del coche.
8. Luis no está **enojado contigo,** pero sí algo molesto.
9. Vemos **a los Marín** a menudo; en cambio a los Santos nunca.
10. He leído **las diez primeras páginas,** pero no el resto.
11. Reconozco que no estoy **de muy buen humor** estos días.
12. El camión tuvo **la culpa del accidente.** Yo iba por mi derecha.
13. Le dije a Alfredo **que no teníamos ganas de ir a Mallorca,** pero a nadie más.
14. Alberto se rompió **el brazo** esquiando.
15. No puedo comerme **estas patatas.** Las chuletas, en cambio, están riquísimas.

V.14.

A PARTIR DE LAS FRASES SIMPLES PROPUESTAS, CONSTRUYA UNA SOLA FRASE COMPUESTA, REALIZANDO LAS TRANSFORMACIONES NECESARIAS Y AÑADIENDO PARTICULAS SUBORDINANTES (Explote varias soluciones para cada grupo de frases):

1. Emilio no sabe nada de lo de Matilde.
   Me extraña mucho.
   El me lo dijo.
   Son íntimos amigos.

2. No tengo tiempo.
   Prometí llevarle a Pepa estos documentos.
   Los necesita hoy mismo.
   Tú podrías ir.

3. Publicaron su artículo.
   No era muy bueno.
   Conocía al director del periódico.
   El me lo confesó.

4. Ha habido numerosos accidentes de trenes este año.
   Han causado varios muertos y centenares de heridos.
   El gobierno debería tomar medidas.
   Es evidente.

V.15.

1. He pensado que ...... lugar ...... ir a cenar fuera, podríamos improvisar cualquier cosa aquí.

   a) a... de
   b) por... en
   c) a... a
   d) en... de

2. No creas: en España se bebe ...... en cualquier otro sitio.

   a) tan que
   b) igual de
   c) tanto como
   d) tal que

3. No te lo tomes al pie de la letra. ...... de broma cuando te dijo eso.

   a) era
   b) estaba
   c) fue
   d) estuvo

4. Debéis confirmar las reservas de los pasajes antes de las cuatro, ... falta.

   a) con
   b) sin
   c) de
   d) por

5. Se encontraría muy mal que ...... salió a despedirse de nosotros.

   a) ni sólo
   b) ni solamente
   c) ni siquiera

6. ...... día de éstos nos va a dar una sorpresa. Ya verás.

   a) cualquier
   b) alguno
   c) otro
   d) un mismo

7. Lo que más me ha costado ha sido dar .... esquema de trabajo claro y completo.

a) en   a) Ø
b) con   b) un
c) a   c) la
d) contra   d) una

8. Se pelearon como gallos, pero, ..., se reconciliaron.

a) en fin
b) por final
c) al final
d) del fin

9. Le prometieron guardar el secreto y ahora ...... contándoselo a todo quisque.

a) llevan
b) vienen
c) quedan
d) andan

10. Aun suponiendo que ...... un amigo íntimo del director, me parecería vergonzoso que se le diera un tratamiento especial.

a) sería
b) es
c) sea
d) ha sido

11. No te comas los plátanos, que aún ...... verdes.

a) están
b) son
c) estén
d) sean

12. ...... no vengan los invitados, no sé que haremos con tanta comida.

a) si
b) con tal de que
c) como
d) mientras que

13. No vimos ...... dijo tuviera la más mínima relación con el tema que se estaba discutiendo.

a) que lo que
b) lo que
c) el que lo
d) que lo

14. Me extraña que, precisamente él, ... en contra del divorcio.

    a) éste
    b) esta
    c) esté
    d) está

15. De ...... verdad lo que dice la radio, el comando asaltante va a rendirse de un momento a otro.

    a) estar
    b) siendo
    c) ser
    d) estando

16. Siempre recordaré aquellos momentos y supongo que todos ...... estaban allí piensan, como yo, que ...... sucedió fue impresionante.

    a) que   a) el que
    b) cuales   b) lo que
    c) los que   c) lo
    d) los quienes   d) el cual

17. Antes, de vez en cuando, ... la autopista, pero, desde que la han hecho de peaje, voy por la nacional.

    a) cogía
    b) cogí
    c) he cogido

18. A la gente ...... desagrada sentirse reprimida.

    a) se
    b) les
    c) ∅
    d) le

19. Sobre este tema, por medio de la prensa y la televisión, ... varios datos inexactos.

    a) han sido difundido
    b) se han difundidos
    c) han sido difundidos
    d) han estado difundidos

20. Fue a tus parientes ...... encontré casualmente el otro día.

    a) a quienes
    b) a que
    c) los que
    d) quienes

21. ¡No me digas que no te has acordado! ¡...... veces que te lo repetí ayer!

    a) cuántas de
    b) con lo de
    c) con la de
    d) por las de

22. Es evidente que los libros de bolsillo se ...... mucho.

    a) vendan
    b) venden

23. Cuando el representante de los trabajadores pidió que se ......, todo el mundo contestó que no les ...... la gana.

    a) callarían   a) daba
    b) callaron   b) dará
    c) callen   c) daría
    d) callaran   d) diera

24. De un tiempo a esta parte ...... produciéndose muchos robos de pisos los fines de semana.

    a) andan
    b) llevan
    c) acaban
    d) vienen

25. No hay más que hablar. El tema no da ...... más.

    a) para
    b) por
    c) de
    d) que

26. Estoy segura de que fue en el jardín de tu casa ...... perdí el pendiente.

    a) en que
    b) donde
    c) a donde
    d) que

27. No te excites. Puede ser que no te lo ...... con mala intención.

    a) haya dicho
    b) ha dicho
    c) decía
    d) dice

28. No me llames esta noche. ...... salgo con los del trabajo.

   a) es posible que
   b) es probable que
   c) a lo mejor
   d) ojalá

29. A ver si consigues ...... fumar. Te apuesto algo a que no.

   a) acabar de
   b) terminar de
   c) dejar de
   d) finalizar de

30. Más vale que ...... hoy está cuestión, en lugar de dejarla para mañana.

   a) resolvamos
   b) resolvemos
   c) resolveremos
   d) resolveríamos

CICLO VI

VI.1.

La dueña da media vuelta y va hacia el mostrador. La cafetera niquelada borbotea pariendo sin cesar tazas de café exprés, mientras la registradora de cobriza antigüedad suena constantemente.

Algunos camareros de caras fláccidas, tristonas, amarillas, esperan, embutidos en sus trasnochados smokings, con el borde de la bandeja apoyada sobre el mármol, a que el encargado les dé las consumiciones y las doradas y plateadas chapitas de las vueltas.

El encargado cuelga el teléfono y reparte lo que le piden.

—¿Conque otra vez hablando por ahí, como si no hubiera nada que hacer?

—Es que estaba pidiendo más leche, señorita.

—¡Sí, más leche! ¿Cuánta han traído esta mañana?

—Como siempre, señorita: sesenta.

—¿Y no ha habido bastante?

—No, parece que no va a llegar.

—Pues, hijo, ¡ni que estuviésemos en la Maternidad! ¿Cuánta has pedido?

—Veinte más.

—¿Y no sobrará?

—No creo.

—¿Cómo «no creo»? ¡Nos ha merengao! ¿Y si sobra, di?

—No, no sobrará. ¡Vamos, digo yo!

—Sí, «digo yo», como siempre, «digo yo», eso es muy cómodo. ¿Y si sobra?

—No, ya verá como no ha de sobrar. Mire usted como está el salón.

—Sí, claro, cómo está el salón, cómo está el salón. Eso se dice muy pronto. ¡Porque soy honrada y doy bien, que si no ya verías a donde se iban todos! ¡Pues menudos son!

Los camareros, mirando para el suelo, procuran pasar inadvertidos.

—Y vosotros, a ver si os alegráis. ¡Hay muchos cafés solos en esas bandejas! ¿Es que no sabe la gente que hay suizos, y mojicones, y torteles? No, ¡si ya lo sé! ¡Si sois capaces de no decir nada! Lo que quisieráis es que me viera en la miseria, vendiendo los cuarenta iguales. ¡Pero os reventáis! Ya sé yo con quienes me juego la tela. !Estáis buenos! Anda, vamos, mover las piernas y pedir a cualquier santo que no se me suba la sangre a la cabeza.

Los camareros, como quien oye llover, se van marchando del mostrador con los servicios. Ni uno solo mira para doña Rosa. Ninguno piensa, tampoco, en doña Rosa.

Uno de los hombres que, de codos sobre el velador, ya sabéis, se sujeta la pálida frente con la mano —triste y amarga la mirada, preocupada y como sobrecogida la expresión—, habla con el camarero. Trata de sonreir con dulzura, parece un niño abandonado que pide agua en una casa del camino.

El camarero hace gestos con la cabeza y llama al echador.

Luis, el echador, se acerca hasta la dueña.

—Señorita, dice Pepe que aquel señor no quiere pagar.

—Pues que se las arregle como pueda para sacarle los cuartos; eso es cosa suya; si no se los saca, dile que se le pegan al bolsillo y en paz. ¡Hasta ahí podíamos llegar!

La dueña se ajusta los lentes y mira.

—¿Cuál es?

—Aquél de allí, aquél que lleva gafitas de hierro.

—¡Anda, qué tío, pues esto sí que tiene gracia! ¡Con esa cara! Oye, ¿y por qué regla de tres no quiere pagar?

—Ya ve... Dice que se ha venido sin dinero.

—Pues sí, ¡lo que faltaba para el duro! Lo que sobran en este país son pícaros.

El echador, sin mirar para los ojos de doña Rosa, habla con un hilo de voz:

—Dice que cuando tenga ya vendrá a pagar.

Las palabras, al salir de la garganta de doña Rosa, suenan como el latón.

—Eso dicen todos y después, para uno que vuelve, cien se largan, y si te he visto no me acuerdo. ¡Ni hablar! ¡Cría cuervos y te sacarán los ojos! Dile a Pepe que ya sabe: a la calle con suavidad, y en la acera, dos patadas bien dadas donde se tercie. ¡Pues nos ha merengao!

El echador se marchaba cuando doña Rosa volvió a hablarle.

—¡Oye! ¡Dile a Pepe que se fije en la cara!

—Sí, señorita.

C. J. Cela, La colmena
(Texto adaptado)

VI.1.1.

COMPLETE LAS SIGUIENTES FRASES CON LAS PARTICULAS DE LA LISTA:

si
como
ni
que
porque
a
cuando

1. ...... encontraras esa revista que ando buscando, mándamela.
2. ...... se las arregle ...... pueda para venir el lunes al mediodía. Es indispensable.
3. ...... estoy de buen humor, ... si no ya verías como respondía a esa clase de bromitas.
4. Esperaremos .... haya terminado la primera parte del recital para salir. Es ......
   ahora haríamos demasiado ruido.
5. Va a caer un chaparrón de un momento a otro. El cielo está .... estuviéramos en
   invierno.
6. ...... sepas algo de Luisa, avísame. Me gustaría verla.
7. Se toma al pie de la letra todos los consejos de su suegro. ¡...... ...... fuera infalible!

VI.1.2.

COMPLETE LAS SIGUIENTES FRASES CON LOS TIEMPOS Y MODOS ADECUADOS:

1. No **esperamos a que** (VENIR) ...... Esther para empezar a cenar porque igual llega a las
   quinientas.
2. Creo que no me reconoció porque le saludé y él me miró **como si** jamás me (VER) ......
   Es que (PASAR)...... mucho tiempo desde la última vez que nos vimos.
3. **Que** (HACER,él) ...... lo que (PODER) ...... para tener listos los documentos el miércoles.
   Díselo de mi parte.
4. Como anoche se nos estropeó la moto en plena carretera, le **pedimos** a un camionero
   que nos (TRAER)..... hasta aquí.
5. Normalmente es muy amable, pero (LLEVARLE) ...... la contraria y (VER tú) ...... como
   se pone hecho una fiera.
6. **Porque** José Luis (SER) ...... un buenazo **que si no** ya (MANDAR)...... a toda su familia a
   freir espárragos.
7. **Si** (SABER,tú) ...... de alguna pensión baratita en Toledo, (DARME, tú) ...... la dirección.
8. **Lo que quisiera** Martín **es que** yo le (PEDIR) ...... perdón de rodillas, pero no lo haré ni loco.
9. **Cuando** (TENER)...... tiempo, venid a pasar un fin de semana con nosotros.
10. No hace más que criticar a los demás. ¡**Ni que** todo lo que él hace (SER) ...... perfecto!

VI.1.3.

TRANSFORME LAS SIGUIENTES FRASES CONDICIONALES SEGUN EL MODELO:

> **Modelo:** **Si** crías cuervos, te sacarán los ojos.
> ———→ Cría cuervos **y** te sacarán los ojos.

1. Si conduces a lo loco, algún día tendrás un accidente.
2. Si pones pimienta, este plato te quedará demasiado fuerte.
3. Como no lo invitéis a él también, lo tomará a mal.
4. Si me llamas, vendré a recogerte.
5. Si no ofrecéis productos de calidad a los clientes, os saldrá el tiro por la culata.
6. Si le das lo que te pide, te dejará en paz.
7. Si le hablas sinceramente, te entenderá.

VI.1.4.

COMPLETE LAS SIGUIENTES FRASES CON LAS EXPRESIONES DE LA LISTA:

¡Vamos, digo yo!
¡Qué se las arregle!
Lo que faltaba para el duro
¡Hasta ahí podíamos llegar!
Como quien oye llover.
Cría cuervos y te sacarán los ojos.
¡Ni hablar!
Si te he visto, no me acuerdo
¡Menudos son!
Eso se dice muy pronto.
¡Ni que...!
Para uno que... cien...
Sacar los cuartos
Saber con quien se las juega.
(Eso) es cosa suya.
¡Estáis buenos!
A ver si...
¿Por qué regla de tres...?
¿Conque...?

1. Le he dicho mil veces que no debería comer tanto, pero él, ...

2. Hoy todo me sale mal: me duele el estómago; en la oficina me he peleado con Paco y al final, ..., cojo el autobús y me roban la cartera.
3. Jacinto no es de fiar, pero Miguel no se da cuenta y confía plenamente en él. Verdaderamente no ......
4. No puedo asegurarte que venga, pero a mí me parece que sí lo ha prometido y no ha avisado... ......
5. Todo el mundo le dice que debería dejar de beber, pero ...... No es tan fácil como parece.
6. Cuando una empresa se va a pique, de los acreedores, ... cobra ...... pierden lo que les deben.
7. Antes éramos la mar de amigos, pero desde que las cosas le van viento en popa, ... Apenas me habla.
8. Gutiérrez ayudó mucho a Arturo cuando éste era todavía un don nadie; después Arturo lo abandonó: ......
9. Todo el día anda pidiéndonos prestado: ¡...... fuésemos millonarios!
10. Jamás aceptaremos una propuesta de ese tipo. ......
11. Se creen muy listos, pero yo los conozco bien. .... No se saldrán con la suya.
12. ¡Que se las arreglen! Yo no quiero meterme donde no me llaman y ese asunto ......
13. Ya no saben qué inventar para hacernos gastar. Gracias a la publicidad ...... a la gente de la manera más descarada.
14. Estábamos tan hartos de que nos tomara el pelo que hoy nos las hemos tenido. ......
15. ...... Yo no pienso ayudarle más después de lo que me dijo el otro día.
16. ¿Se puede saber ...... no quieres ir hoy a casa de Matilde? Siempre te ha encantado ir.
17. Lo que te ha sucedido te está bien empleado. ...... te das cuenta de una vez de que tienes que saber guardar un secreto.
18. Si creéis que me vais a convencer con buenas palabras, ... No voy a cambiar de opinión.
19. ¿...... estabais estudiando...? ¿Y qué hace, pues, la T.V. puesta?

VI.1.5.

IMAGINE UNA SERIE DE SITUACIONES QUE DESCRIBIRA MUY BREVEMENTE, EN LAS QUE SE PUDIERAN PRODUCIR LAS SIGUIENTES EXPRESIONES:

1. Como quien oye llover.
2. Lo que faltaba para el duro.
3. ¡Hasta ahí podíamos llegar!
4. ¡Pues esto sí que tiene gracia!
5. Eso se dice muy pronto.
6. Si te he visto, no me acuerdo.
7. ¡Ni hablar!
8. ¡Qué tío!
9. Cría cuervos y te sacarán los ojos.
10. ¿Conque...?

VI.1.6.

Un joven es descubierto junto a la puerta de una pequeña tienda en posesión de un objeto que no ha pagado.

Imagine un diálogo entre los siguientes personajes, atendiendo a las pautas correspondientes en cuanto a sus actitudes y empleando las expresiones propuestas:

El propietario de la tienda:

Tiene una actitud agresiva y no admite ningún tipo de explicación ni por parte del joven ni de su empleado, a quien hace responsable, en parte, del incidente, acusando a ambos alternativamente.

EXPRESIONES:

Eso se dice pronto.
¡Menudos son!
Ya se yo con quien me las juego.
Como quien oye llover.
Como si...
¡Ni que...!
¡Hasta ahí podíamos llegar!

El empleado:

Está a la defensiva y se justifica indignado.

EXPRESIONES:

¿Conque...?
Lo que faltaba para el duro.
¡No te fastidia!
Como si...
¡Si ya lo sé!
¡Pues esto sí que tiene gracia!

El joven:

Se considera inocente e injustamente acusado. Intenta tranquilizar al dueño, quitándole importancia al hecho.

EXPRESIONES:

Ya ve...
Los cuartos.
Es que...
¡Vamos, digo yo!
Eso es cosa suya
Y en paz.
¡Ni hablar!

VI.1.7.

COMPLETE LAS SIGUIENTES FRASES CON EXPRESIONES O PALABRAS APARECIDAS
EN EL TEXTO:

1. ¿Has visto .... la sala? Ni se podía entrar.
2. Deberíamos comprar más pan para la cena; no va ....
3. Tía Julia ha hecho demasiada comida: .... de todo.
4. Siento llegar tarde: .... he perdido el tren.
5. Suerte que tengo paciencia, ... ya me habría vuelto loco con esa gente.
6. Tomás nos tiene preocupados: cuando se pone nervioso .... cualquier cosa.
7. Es una película pasada de moda, de un romanticismo rosáceo y ......
8. No hemos empezado aún a discutir el asunto. .... llegaras tú.
9. Fue a la inauguración de la exposición, pero como no le habían invitado, procuró
   ....
10. Cuando nos vio ahí sentados .... y salió del bar para no tener que saludarnos.

VI.1.8.

Se encuentra usted en un bar donde acaba de merendar. Al ir a pagar, se da cuenta de que ha perdido u olvidado la cartera en algún lugar. Complete el siguiente diálogo, según las instrucciones entre paréntesis:

USTED: ...... (LLAMA AL CAMARERO).
CAMARERO: Sí, ¿qué desea?
USTED: ...... (PIDE LA CUENTA, RECORDÁNDOLE LO QUE HA TOMADO).
CAMARERO: Son... 220 pesetas.

USTED: ...... (SE DISCULPA POR EL TIEMPO QUE TARDA EN ENCONTRAR LA CARTERA MIENTRAS LA BUSCA NERVIOSAMENTE).

...... (EXPLICA LA SITUACIÓN AL CAMARERO AL DESCUBRIR QUE NO LA TIENE. ESTÁ SORPRENDIDO Y MALHUMORADO POR LO QUE LE HA SUCEDIDO).

CAMARERO: Sí, sí, claro, pero esto se tiene que pagar. Yo no tengo la culpa de que usted haya perdido la cartera. No querrá que lo ponga de mi bolsillo.

USTED: ...... (LE PROPONE LA POSIBILIDAD DE PAGAR CON UN CHEQUE).

CAMARERO: Vamos, hombre. Un cheque de doscientas pesetas... No, no, además no aceptamos cheques.

USTED: ...... (LE EXPLICA QUE VIVE MUY CERCA Y QUE PUEDE IR Y VOLVER DE SU CASA EN UN MOMENTO. ALGO NERVIOSO, LE CENSURA AL CAMARERO SU DESCONFIANZA).

CAMARERO: Oiga, y... ¿no puede llamar a alguien para que le traiga algo de dinero?

USTED: ...... (ACEPTA LA SOLUCIÓN A REGAÑADIENTES).

USTED: ...... (HA HECHO YA VARIAS LLAMADAS SIN LOCALIZAR A NADIE. LLEGA YA CON RETRASO A SU CITA. INTENTA CONVENCERLE DE NUEVO DE QUE LE DEJE MARCHARSE).

CAMARERO: Mire, por doscientas pesetas no vamos a estar discutiendo toda la tarde. Haga lo que le dé la gana.

USTED: ...... (SE COMPROMETE A PAGARLE LO MÁS PRONTO POSIBLE. INTENTA TRANQUILIZAR AL CAMARERO, DÁNDOLE SEGURIDADES. LE AGRADECE MUCHO QUE LE DEJE MARCHARSE).

VI.1.9.

Imagine que usted es un cliente del bar de doña Rosa y que se encontraba en el local en el momento en que se produce la escena del joven que no quiere pagar, descrita en la última parte del texto. Al llegar a su casa, narra usted lo ocurrido a uno de sus familiares, procurando utilizar el léxico aparecido en el texto.

VI.2.

COMPLETE EL SIGUIENTE TEXTO CON LOS TIEMPOS Y MODOS ADECUADOS
(El texto está en pasado):

Remedios, la bella, (SER)...( ) proclamada reina. Ursula, que (ESTREMECERSE)...(2) ante la belleza inquietante de la biznieta, no (PODER)...(3) impedir la elección. Hasta entonces (CONSEGUIR)...(4) que Remedios no (SALIR)...(5) a la calle, como no (SER)...(6) para ir a misa con Amaranta, pero la (OBLIGAR)...(7) a cubrirse la cara con una mantilla negra. Los hombres menos piadosos, los que (DISFRAZARSE)...(8) de curas para decir misas sacrílegas en la tienda de Catarino, (ASISTIR)...(9) a la iglesia con el único propósito de ver aunque (SER)...(10) un instante el rostro de Remedios, la bella, de cuya hermosura legendaria (HABLARSE)...(11) con un fervor sobrecogido. (PASAR)...(12) mucho tiempo antes de que lo (CONSEGUIR)...(13), y más les (VALER)...(14) que la ocasión no (LLEGAR)...(15) nunca, porque la mayoría de ellos no (PODER)...(16) recuperar jamás la placidez del sueño. El hombre que lo (HACER)...(17) posible, un forastero, (PERDER)...(18) para siempre la serenidad y años después (SER)...(19) despedazado por un tren nocturno cuando (QUEDARSE)...(20) dormido sobre los rieles. Desde el momento en que se le (VER)...(21) en la iglesia, con un vestido de pana verde y un chaleco bordado, nadie (PONER)...(22) en duda que (IR)...(23) desde muy lejos, tal vez de una remota ciudad del exterior, atraído por la fascinación mágica de Remedios, la bella. (SER)...(24) tan hermoso, tan gallardo y reposado que Pietro Crespi junto a él (PARECER)...(25) un sietemesino. No (ALTERNAR)...(26) con nadie en Macondo. (APARECER)...(27) al amanecer del domingo, como un príncipe de cuento, y (ABANDONAR)...(28) el pueblo después de la misa.

(SER)...(29) tal el poder de su presencia, que desde la primera vez que se le (VER)...(30) en la iglesia todo el mundo (DAR)...(31) por sentado que entre él y Remedios, la bella, (ESTABLECERSE)...(32) un duelo callado y tenso, un pacto secreto, un desafío irrevocable, cuya culminación no (PODER)...(33) ser solamente el amor, sino también la muerte. El sexto domingo, el caballero (APARECER)...(34) con una rosa amarilla en la mano. (OÍR)...(35) la misa de pie, como lo (HACER)...(36) siempre, y al final (INTERPONERSE)..,(37) al paso de Remedios, la bella, y le (OFRECER)...(38) la rosa solitaria. Ella la (RECIBIR)...(39) con un gesto natural, como si (ESTAR)...(40) preparada para aquel homenaje, y entonces (DESCUBRIRSE)...(41) el rostro por un instante y (DAR)...(42) las gracias con una sonrisa. (SER)...(43) todo cuanto (HACER)...(44). Pero no sólo para el caballero, sino para todos los hombres que (TENER)...(45) el desdichado privilegio de vivirlo, aquel (SER)...(46) un instante eterno.

G. García Marquez, **Cien años de soledad**
(Texto adaptado)

VI.3.

SUSTITUYA LO SUBRAYADO POR **SER** O **ESTAR**, SEGUN CONVENGA, HACIENDO LAS TRANSFORMACIONES NECESARIAS:

1. Esto **sucedió** cuando la segunda república.
2. La enferma de la habitación 48 **se encuentra** muy desmejorada.
3. Los mantecados que comisteis estas fiestas **se fabrican en** Astorga.
4. «El oratorio de Navidad» **lo compuso** Bach.
5. La viuda aún **lleva** luto.
6. **Ha tenido** usted suerte al haber encontrado el documento que había perdido.
7. La empresa de ese conocido magnate del transporte **permanece** cerrada desde hace meses.
8. **Ciertamente** este vino **sabe** bien.
9. **Se consiguió controlar** el escape de gas.
10. La familia de tu vecino **procede** del mismo pueblo que yo.
11. La mesa **la fabricaron con** madera de roble.
12. La buhardilla **se encontraba** debajo del tejado.
13. **Llevan** tres horas juntos.
14. El comedor de esta casa **tiene una mala iluminación.**
15. La fiesta **se desarrolló con tranquilidad.**

VI.4.

TRANSFORME LAS SIGUIENTES FRASES SUPRIMIENDO LO SUBRAYADO E INTRODUCIENDO OTRAS PARTICULAS O CONSTRUCCIONES TEMPORALES QUE PERMITAN CONSERVAR LA MISMA INFORMACION:

> **Modelo:** **En cuanto** llegue a Santiago, intentaré llamarte.
> ⟶ **Tan pronto como** llegue a Santiago, intentaré llamarte.
> **Así que** llegue a Santiago, intentaré llamarte.
> Intentaré llamarte **al** llegar a Santiago.

1. **Mientras** duren las obras, el museo permanecerá cerrado al público.
2. Como estaba rendido, llegué a casa y me acosté **inmediatamente.**
3. Laura preparará el equipaje. **Mientras tanto** yo iré a sacar el coche del garage.
4. **Apenas** me vio, se echó a llorar porque no nos veíamos **desde hacía** muchísimo tiempo.
5. Al final, el ayuntamiento puso un semáforo en este cruce, pero **antes** había habido muchos accidentes.
6. **En cuanto** supo lo que le había ocurrido a su cuñado, cogió un avión y fue a reunirse con él.
7. Tenían muchísimas ganas de estar a solas porque **habían estado** cinco meses sin verse.
8. Fuimos a ver a Catalina y **luego** regresamos a la pensión.
9. **Cuando** hace la siesta, se levanta de un humor de perros.
10. Nos instalaremos en el nuevo piso **cuando** hayan terminado de pintarlo.
11. **Tan pronto como** supo que le habían tocado las quinielas, empezó a planear un viaje fabuloso alrededor del mundo.

VI.5.1.

Describa la imagen, construyendo al menos una frase para cada uno de los personajes que en ella aparecen, describiendo tanto su actitud como lo que está haciendo:

Para identificar a cada personaje utilice las estructuras:

El señor que...
El guardia que...
    o
El señor de...
La mujer de...

VI.5.2.

Imagine lo que piensa cada uno de los ciudadanos; propóngalo en frases utilizando:

Tengo miedo de que...
Me parece que...
Supongo que...
No creo que...
Espero que...
A lo mejor...
Quizás...
Ojalá...
Que...

VI.6.

COMPLETE LAS SIGUIENTES FRASES CON LAS PARTICULAS ADECUADAS
SIN REPETIR NINGUNA:

cuanto	en vista de que	a medida que	el que
en cuanto	si	así que	tal como
mientras que	con tal de	de ahí que	sino que

1. Ariadna habla perfectamente tres lenguas ...... Laura chapurrea una extraña mezcla de las tres.

2. Actuaron ...... lo habíamos imaginado. Pondría la mano en el fuego de que harán lo mismo de nuevo.

3. ...... salga en las revistas, no significa que sea realmente popular.

4. ...... que avances en cada trámite, me vas informando de los resultados.

5. ...... no podían entender un argumento tan enrevesado, decidieron salir a media sesión.

6. No os podéis imaginar lo interesado que es: ...... ganar unas perras contantes y sonantes vendería a su mejor amigo.

7. Vivió muchos años en Grecia, ... domine perfectamente la lengua griega.

8. No me contó él mismo que se iba a casar, ... me enteré por casualidad.

9. ...... Dan y Dennis no nos hubieran dado esos consejos tan útiles, el resultado hubiera sido muy poco satisfactorio.

10. ¡Aprovecha ...... puedas! Una ocasión así no se presenta todos los días.

11. ...... tenga unos días de vacaciones, me iré a ver a Patxi porque hace mucho que no hablamos largo y tendido.

12. Elisa me ha dicho que si tiene una niña le va a poner mi nombre; ...... me va a caer la baba por partida doble.

VI.7. 🔘

OIRA DOS VECES LA RESPUESTA A UNA PREGUNTA QUE USTED DEBE ELABORAR LO MAS EXPLICITAMENTE POSIBLE (El ejercicio consta de cinco respuestas):

VI.8.

CONSTRUYA UNA SOLA FRASE A PARTIR DE LAS PROPUESTAS DEL MODELO:

Modelo: Resulta impertinente.
No es un mal educado. ⟶
Está nervioso

⟶ 1. Resulta impertinente **no porque** sea un mal educado, **sino porque** está nervioso.

⟶ 2. No es un mal educado, **sin embargo** resulta impertinente **porque** está nervioso.

---

1. Actuad con prudencia.
No desconfío de vosotros.
Es mejor.

2. Le conviene hacer un régimen alimenticio.
   Usted no está gordo.
   Usted tiene problemas cardíacos.

3. Esta novela puede interesarte.
   El autor no es muy bueno.
   El tema está bien tratado.

4. La abuela de los Ferrer era muy querida por la familia.
   No era generosa.
   Era muy cariñosa.

5. Adolfo se licenció en arquitectura.
   No puso mucho esfuerzo ni era muy tenaz.
   Es muy inteligente.

6. Salvador y su mujer se han separado.
   Ellos se respetaban.
   Tenían problemas de comunicación.

7. No contesté el teléfono.
   No estaba fuera.
   Me habían cortado la línea.

8. Recayó tras la operación.
   No hubo complicaciones postoperatorias.
   Se había debilitado mucho.

9. Esta película es demasiado lenta para mi gusto.
   El guión y los actores son buenos.
   Hay fallos de realización.

VI.9.

ESCUCHE ATENTAMENTE EL TEXTO (F. UMBRAL, **Memorias de un niño de derechas**) Y DESPUES
RECONSTRUYALO CON EL LEXICO Y LAS EXPRESIONES DE LA SIGUIENTE LISTA,
INTENTANDO REPRODUCIR CON UN MAXIMO DE FIDELIDAD TANTO EL CONTENIDO
COMO LA FORMA DEL TEXTO:

párvulos
refugio
al lado
sirenas

sensación de peligro
concepto
no estar para
lo mejor de
bombardeo
de pronto
la tabla de multiplicar
ceremonia
ininterrumpible
pupitre
desmitificación
alcanzar
generaciones
perder la fe y el respeto
una vez puesto en marcha
quebrar
por culpa de
no tener nada que ver con
intuir
de modo que
no haber más que
juegos infantiles
el escondite
los mayores
dar la gana

VI.10.

COMPARE LAS FRASES CONDICIONALES DE CADA GRUPO SEÑALANDO LAS DIFERENCIAS
ENTRE ELLAS. PARA ELLO IMAGINE SITUACIONES EN LAS QUE PODRIAN
SER PRONUNCIADAS Y TRANSFORME LAS FRASES DE FORMA QUE ILUSTREN
DICHAS SITUACIONES:

1. a) Si me encuentro bien, vendré a la fiesta.
    b) Vendría a la fiesta si me encontrara bien.
    c) Si me hubiese encontrado bien, habría venido a la fiesta.

2. a) Si tuvieras dolor de muelas, irías al dentista.
    b) Si tienes dolor de muelas, vas al dentista.
    c) Ve al dentista si tienes dolor de muelas.
    d) Si has tenido dolor de muelas, habrás ido al dentista.
    e) Habrías ido al dentista si hubieras tenido dolor de muelas.

3. a) Si no te conociera, pensaría que estás loco.
   b) Si no te conociese, hubiera pensado que estabas loco.
   c) Si no te conoce, pensará que estás loco.

4. a) Si viera a Bárbara, le daría el recado.
   b) Si veo a Bárbara, le doy el recado.
   c) Le habría dado el recado si hubiera visto a Bárbara.

5. a) Si encuentro un piso más barato, gastaré menos.
   b) Gastaría menos si encontrara un piso más barato.
   c) Si hubiera encontrado un piso más barato, gastaría menos.
   d) Si hubiese encontrado un piso más barato, habría gastado menos.

VI.11. ◖◗

SEÑALE CON UNA CRUZ LA PALABRA QUE HA SIDO LEIDA:

1. a) saltará
   b) soltara
   c) soltará
   d) saltara

2. a) mentiría
   b) mintiera
   c) mentira
   d) mentirá

3. a) marcará
   b) marcara

4. a) lisa
   b) riza
   c) risa
   d) liza

5. a) citara
   b) cítara
   c) citará

6. a) jarro
   b) roja
   c) rajo
   d) gorra

7. a) pollo
   b) bollo
   c) polio

8. a) mirara
   b) mírala
   c) mirará

9. a) este
   b) éste
   c) esté

10. a) poso
    b) pozo
    c) posó

11. a) casa
    b) gasa
    c) caza

12. a) pitará
    b) pitara
    c) pitarra

150

13. a) ceja
    b) será
    c) cera

14. a) baja
    b) barra
    c) vara
    d) bajar

15. a) peses
    b) peces
    c) veces
    d) beses

16. a) cala
    b) cara
    c) caja

17. a) término
    b) termino
    c) terminó

18. a) baraja
    b) bajara
    c) bajará
    d) barajar

VI.12.

TRANSCRIBA EL SIGUIENTE PARRAFO DE TAL FORMA QUE REPRODUZCA LITERALMENTE EL MONOLOGO DE RAMON (ESTILO DIRECTO):

Ejemplo: —¿Me creéis imbécil?...

Ramón preguntó si a él le creíamos imbécil. Que daba la impresión de que le considerábamos idiota. Que del abuso habíamos pasado al pitorreo; todos llegábamos tarde —si llegábamos— al trabajo, nadie trabajaba y, aun admitiendo lo escaso del sueldo, resultaba que le salíamos a la Casa y a la Nación más caros que una planta atómica. Y, encima, hacíamos circo en las horas libres, que eran todas. Como ya estaba bien de aquello, aquello iba a cambiar, de arriba abajo, porque él, el jefe, se encargaría de que aquello cambiara y la vertical transformación caería sobre nuestras cabezas. Que, a excepción de Guada, la unidad estaba constituida por una punta de borrachos y puteros, y que ella, Guada, no sonriese, que tenía más delito ella que los demás por descocada y por los vestidos con los que se cubría, y lo de cubrirse era una manera de hablar.

J. García Hortelano, **El gran momento de Mary Tribune**
(Texto adaptado)

VI.13.

COMPLETE EL SIGUIENTE TEXTO CON LOS ARTICULOS Y LAS PREPOSICIONES QUE CONVENGAN:

...... = **un, una, unos, unas, el, la, los, las o Ø**

────── = **preposición o Ø**

Muchas veces, __1__ ..2.. situaciones tan sencillas como ..3.. __4__ ..5.. pareja sentada __6__ ..7.. café, podemos observar que si ..8.. mujer ha pedido .9... cerveza y .10. hombre .11.. zumo __12__ frutas, .13. camarero le sirve .14. zumo __15__ frutas __16__ .17. mujer y .18. cerveza __19__ .20. hombre. __21__ menudo podremos escuchar .22. comentarios benévolos acerca __23__ .24. mujer __25__ .26. que se afirma que « __27__ ser .28. mujer gana .29. buen sueldo». También sucede __30__ frecuencia que __31__ .32. proceder __33__ redactar algún tipo de documento legal se le pregunta .34. profesión __35__ .36. hombre, mientras que __37__ .38. mujer se la suponga dedicada __39__ «sus labores».

Si __40__ .41. reunión __42__ .43. trabajo que incluye __44__ .45.. hombres y __46__ .47.. mujeres se hace .48. interrupción __49__ comer .50. bocadillos o __51__ preparar .52. café, se da __53__ supuesto que .54. quienes van __55__ prepararlo todo serán .56. mujeres. __57__ .58. mujeres se les cede .59. paso normalmente __60__ .61. puerta, o .62. asiento, cuando éste escasea, __63__ preferencia __64__ .65. hombres. __66__ .67. hombre casado que tiene aventuras amorosas se le califica benévolamente, incluso __68__ veces __69__ simpatía, __70__ tanto que .71.. calificativo que merece unánimemente .72. mujer casada __73__ .74. amores extramatrimoniales es mucho más ofensivo. Todas .75. mujeres parecen sentir instintivamente .76. necesidad __77__ gustar __78__ .79. hombres, __80__ encontrar __81__ .82. hombre que las proteja, que las cuide y que les dé __83__ seguridad; __84__ .85. infancia han sido educadas __86__ gustar, __87__ ser coquetas y «femeninas»; __88__ cambio, __89__ .90. hombres se les educa __91__ triunfar, __92__ ganar .93. dinero, __94__ dirigir __95__ .96. sociedad __97__ .98. que vivimos.

¿Por qué se producen tan distintas situaciones __99__ .100. hombres y .101. mujeres?

> «**La liberación de la mujer**»
> **Grandes temas**
> (*Texto adaptado*)

VI.14.

A PARTIR DE LAS FRASES SIMPLES PROPUESTAS CONSTRUYA UNA SOLA FRASE COMPUESTA, REALIZANDO LAS TRANSFORMACIONES NECESARIAS Y AÑADIENDO PARTICULAS SUBORDINANTES (Explote varias soluciones para cada grupo de frases):

1.
> Luis llegará tarde.
> Es probable.
> Tiene muchísimo trabajo.
> Me lo dijo ayer.

2. | La despedirán.
Tiene miedo.
La empresa tiene problemas.
Ella trabaja en la empresa.

3. | No estoy enfermo.
Como demasiado.
Tengo que hacer régimen.
El médico lo dijo.

4. | Pasaré las vacaciones en un pueblo de la costa.
En ese pueblo vive un amigo mío.
Ese amigo tiene un hotel.
Estoy contento

VI.15.

SEÑALE LA RESPUESTA ADECUADA:

1. Fue una despedida muy triste, ... no nos tuviéramos que volver a ver nunca.

   a) como
   b) si
   c) si como
   d) como si

2. Para estar completamente seguros debemos esperar a que nos ...... una respuesta por escrito.

   a) den
   b) dieran
   c) darán
   d) dan

3. No ha sonado el despertador, llego tarde, y ahora, ..., me doy cuenta de que me he olvidado de las llaves.

   a) ni hablar
   b) lo que faltaba para el duro
   c) pues esto sí que tiene gracia
   d) vamos, digo yo

4. ...... no encontrarse demasiado bien, asistió a la ceremonia.

a) aun
b) aunque
c) a pesar que
d) a pesar de

5. ¡Dejadme en paz! No ...... bromas.

a) estoy para
b) soy por
c) estoy por
d) soy para

6. Esta cuestión no ...... lo que estamos discutiendo.

a) ve nada con
b) tiene nada que ver con
c) no tiene nada con
d) viene con

7. Ve a comprar el periódico ...... preparo el café.

a) mientras
b) durante
c) en cuanto
d) cuando

8. ...... recibas noticias de Susana, házmelo saber.

a) así como
b) así pronto
c) tan pronto que
d) tan pronto como

9. No sé como te lo haces, pero tú siempre ......

a) eres de suerte
b) estás con suerte
c) estás de suerte
d) eres con suerte

10. Si pasas por mi casa, te ...... esos discos que me has pedido.

a) preste
b) prestaría
c) prestaré
d) prestara

11. No hice un examen excelente, ... he tenido una buena nota.

   a) sin embargo
   b) sino
   c) pues
   d) así que

12. Que ...... arregle como pueda. Eso es cosa suya.

   a) las
   b) se las
   c) la
   d) los

13. El piso ...... bonito pero ...... en un barrio muy feo.

   a) es   a) es
   b) está   b) está

14. Me aseguró que haría lo que pudiera por ayudarnos.
    Dijo: ......

   a) Hago lo que puedo
   b) Haré lo que pueda
   c) He hecho lo que he podido
   d) Hice lo que pude

15. ...... la película es el principio.

   a) Lo mejor de
   b) El mejor que
   c) Lo mejor
   d) El mejor de

16. Carlos está muy inquieto porque tiene miedo de que lo ......

   a) despiden
   b) despidan
   c) despedirán
   d) despedirían

17. ¡Camarero! ¡Tráigame ...... cuenta, por favor!

   a) una
   b) Ø
   c) alguna
   d) la

18. ¿Quién es el jefe de estudios?

   a) El de la chaqueta azul
   b) Aquel de una chaqueta azul
   c) El con la chaqueta azul
   d) El de una chaqueta azul

19. Recibió una educación muy pobre ...... la guerra.

   a) a causa
   b) por falta de
   c) por culpa de
   d) por razón

20. No te dieron el recado porque supusieron que ya lo ......

   a) supieras
   b) supiste
   c) sabías
   d) hubieras sabido

21. ¡Cuenta cuántas cervezas quedan!

   a) No hay más
   b) No hay más que tres
   c) No hay más de tres
   d) No hay tres

22. ¿Debéis ir al Ayuntamiento?

   a) Sí, tenemos de ir personalmente
   b) Sí, tenemos que ir personalmente
   c) Sí, hay de ir personalmente
   d) Sí, hemos que ir personalmente

23. Me comentó que estaba muy contento de que le ...... a ver a menudo.

   a) fueras
   b) ibas
   c) vas
   d) fuiste

24. Encontramos el informe en el mismo lugar ...... lo habías dejado tú.

   a) en el donde
   b) en el que
   c) que
   d) adonde

25. No te puedes imaginar lo tozudo que es. Cuando no ...... de hacer algo, no hay quien le convenza.

   a) le da la gana
   b) tiene gana
   c) tiene las ganas
   d) le da gana

26. No te creo. Si ...... verdad eso que dices, ya lo ...... por Agustín.

   a) era...supe
   b) sería...supiera
   c) sea...sabré
   d) fuera...sabría

27. Desde el momento en que ...... entrar a Paco, ... que le ...... algo.

   a) veía...sabía...pasó
   b) vi...supe...pasaba
   c) he visto...sabía...ha pasado
   d) había visto...había sabido...pasó

28. El accidente lo ...... el tercer domingo de octubre.

   a) tuvo
   b) ha tenido
   c) tenía
   d) había tenido

29. El festival de rock ...... cuando los carnavales.

   a) estuvo
   b) estaba
   c) fue
   d) era

30. ...... sabes algo de Manuela, llámame. Yo no tengo noticias de ella.

   a) cuando
   b) si
   c) como
   d) porque

CICLO VII

VII.1.

Sonaba el timbre del cine, anunciando la entrada, y, junto a la puerta, se agrupaba una clientela vociferante y confusa. Doña Lucía, emperifollada, y las muchachas que la acompañaban, desentonaban ligeramente del conjunto, y, sabiéndolo, se mantenían un poco aparte. También desentonaba Clara, y, además, sorprendía; la miraban con insistencia y cuchicheaban a su paso. Ella atravesó los grupos con la cabeza erguida, sin soltar el brazo de Carlos.

Había una cola delante de la taquilla. Carlos se sumó a ella.

—Deja —dijo Clara—. La taquillera es amiga mía y me dará las entradas sin esperar. Dame el dinero.

Entró por una puertecilla, y Carlos esperó. Doña Lucía le hizo, entonces, seña de que se acercara.

—¿Cómo está usted?

Ella se había apartado de sus compañeras. Le tendió la mano e hizo un gesto compungido.

—¡Ah, Carlos, Carlos! ¡Cómo me falla usted! —dijo en voz baja—. ¡Con qué mujeres se relaciona!... Le veo muy amartelado con Clara.

—Está usted equivocada. Ni Clara ni...

—No se disculpe. Todos los hombres son iguales. ¡Y yo que había elegido para usted una de mis amigas! Claro que son chicas de las que no van al cine solas con un hombre. ¡Aún

161

si se hubiera fijado usted en Inés! ¡Pero, Clara!... No es que se sepa nada malo de ella. Sin embargo, para usted... ¡Tan vulgar! ¡Ande! ¡Váyase con ella! Ya le está esperando, y no parece haberle hecho mucha gracia verle conmigo.

El cine era una habitación larga y estrecha, con duras butacas de madera. Sobre la entrada, a todo lo ancho de la sala, una especie de palco avanzaba por encima del patio. Allí vio Carlos, acomodadas, a doña Lucía y a sus amigas.

—¿Por qué no has comprado entradas de palco? —preguntó a Clara.

—No quiero estar al lado de esas cursis.

El público de las butacas alborotaba. Se tiraban cáscaras de cacahuetes, bolas de papel; se llamaban a voces; los niños de las filas delanteras disparaban flechas, se insultaban o agredían. Un acomodador, vestido de uniforme, daba gritos en vano. En medio del tumulto, se oía apenas la música de un disco.

Se sosegaron al apagarse la luz. En la pantalla apareció Gary Cooper, oficial de lanceros bengalíes.

Clara se había quitado el abrigo y lo mantenía doblado cuidadosamente sobre el regazo. Seguía la aventura de los lanceros con expresión apasionada, con ojos entornados y felices. También se admiró de que el protagonista matase a la serpiente, y se alegró de que Franchot Tone no muriese tan pronto.

—Los hombres ya no son así —dijo una vez, en voz baja, pero acercándose a Carlos, de modo que éste sintiera en la mejilla el hálito caliente de sus palabras.

Fue su único comentario. Al encenderse las luces, parecía transfigurada y dichosa. Pero, al salir, pasaron junto a doña Lucía, y se sintió mirada; arrugó la frente.

—¿Qué le importará a esa imbécil si voy contigo o no?

—Será que le gusta tu abrigo.

—No miró el abrigo. Me miró a mí. Ya verá ella...

Se colgó del brazo de Carlos y se arrimó ostensiblemente.

G. TORRENTE BALLESTER, **El señor llega**
(*Texto adaptado*)

VII.1.1.

COMPLETE LAS FRASES SIGUIENTES CON LAS PALABRAS O EXPRESIONES DE LA LISTA:

agruparse	alborotar
desentonar	cáscaras
clientela	insultar(se)
aparte	en vano
insistencia	apenas
cuchicheos	sosegarse
erguido	doblado
tender la mano	entornar
hacer un gesto	en voz baja
a todo lo ancho	mejilla
acomodado	comentario

1. Desde que he salido de la tintorería he llevado cuidadosamente ...... este traje, pero ha sido en balde porque se ha arrugado muchísimo.
2. Cuando ya estábamos ...... en nuestros asientos, la azafata nos hizo levantar porque creía que se había equivocado. Nos sonrió y nos ...... de disculpa.
3. Desde la entrada de la tienda hasta el fondo del mostrador se amontonaba la ...... dispuesta a aprovechar las grandes rebajas que le ofrecían. La gente ...... tanto que tuvieron que pedir que se hablara ......
4. Reconozco que soy demasiado impulsiva: tanto puedo ...... a alguien y llamarlo de todo, como ...... en señal de amistad.
5. No nos digas que no eres vergonzoso. Mira cómo tienes las ...... coloradas. Total, te han hecho una pequeña broma...
6. Es curioso cómo se pierde el uso de ciertas palabras: ya no se dice ......, sino tranquilizarse.
7. ¿Crees que ...... si voy a la boda con este vestido tan escotado?
8. El arquitecto ha decidido que, ... del jardín, debemos plantar cipreses.
9. Basta ya de ...... Si tenéis algo que reprocharme, me lo decís a la cara y en paz.
10. No cierres del todo la puerta. Déjala ...... para que corra un poco de aire.
11. El timbre sonaba con una ...... tal que no tuvimos más remedio que bajar a abrir en bata y zapatillas.
12. Ultimamente Julián está raro: ...... habla, contesta con monosílabos cuando le preguntas, se sienta ...... Francamente, yo no me atrevo a hacerle ...... alguno.
13. Todos los esfuerzos que hizo para llegar pronto fueron ...... En cuanto puso un pie en la estación, oyó por los altavoces que el tren acababa de irse.
14. La tía Concha es una auténtica personalidad. Me encanta lo ..... que anda, el porte que tiene.
15. Trae una piedra para pelar estas almendras. Las ...... están muy duras.
16. Lo mejor sería que ...... todos nosotros para hacer este trabajo. Ya sabéis que «la unión hace la fuerza».

VII.1.2.

COMPLETE LAS FRASES SIGUIENTES CON PREPOSICIONES:

1. Nadie le reprochó su mal comportamiento porque se sentía ...... el ambiente una gran tensión.
2. ¡Alicia, he dejado las sábanas dobladas ...... tu cama!
3. Por favor, hablad ...... voz baja: los niños están durmiendo.
4. Si lleváis los zapatos llenos de barro, entrad ...... el garaje.
5. Angel se alegró muchísimo ...... que le dieran esa plaza en el hospital.
6. A la hora convenida, y ...... medio ...... una gran agitación, llegaron los protagonistas de la película y firmaron autógrafos.
7. Sin que me diera cuenta, Fernando se colgó ...... mi brazo y me llevó aparte de los invitados para comentarme no sé qué.

8. Los periodistas hicieron lo posible por conseguir que el embajador les concediera una rueda de prensa, pero fue ...... vano.

9. El alcalde está dispuesto a crear aparcamientos ...... todo lo largo de esta avenida.

10. Todos esperaban que Carlos se casara con la hija del socio de su padre. Sin embargo, él se fijó ...... la secretaria.

11. No me mires ...... expresión de incredulidad. Te aseguro que cuanto te he dicho es verdad.

12. Los cines de barrio están llenos de cáscaras ...... pipas.

13. Elaboraron un plan ...... modo que beneficiara a la totalidad de los afectados.

14. El profesor de Gloria se admiró ...... que tocara tan bien el piano.

15. Ya sabes que Luis no es muy expresivo, pero cuando le dimos el regalo hizo un gesto ...... complacencia.

VII.1.3.

COMPLETE LAS SIGUIENTES FRASES CON LOS TIEMPOS Y MODOS ADECUADOS:

1. ¡Corre! ¡Ve con tu madre! Acaba de **hacer seña de que** (IR, tú) ......

2. Te aseguro que **no me hace gracia que** (SEGUIR, él) ...... saliendo con esos chavales.

3. Estás equivocado **si** (PENSAR, tú) ...... que te tengo manía.

4. Por los comentarios de esta gente **parece que** la junta directiva (VOLVERSE)...... atrás del pacto.

5. Tu suegra me comentó que **se había alegrado muchísimo de que** (ESTAR, vosotros) ...... tan bien instalados en este pueblecito.

6. Lo que dices no es absolutamente cierto. **No es que** Miguel y Pedro (AGREDIRSE)...... e (INSULTARSE)....., sino que estaban alborotando para divertirse.

7. El tenista **vio que** la pelota (VENIR) ...... con mucha fuerza, pero **no vio que** no (TENER, él) ...... tiempo de devolverla.

8. Sería conveniente que distribuyeran los asientos **de modo que** los más altos (ESTAR)...... en las filas traseras y los más bajos (PODER) ...... quedarse en las delanteras.

9. **No te admires de que** (TENER, nosotros) ...... tantos muebles antiguos: los heredamos de la abuela.

10. ¡Qué le importará a María si Ricardo (VENIR) ...... o no (VENIR)! **Claro que,** a lo mejor, (QUERER) ...... que le (DECIR) ...... cuando llegará. ¡**Es que** (HABER) ...... que pensar en todo...!

VII.1.4.

TRANSFORME LEXICA Y SINTACTICAMENTE LOS SIGUIENTES PARRAFOS, CONSERVANDO, EN LA MEDIDA DE LO POSIBLE, LA INFORMACION PROPUESTA:

1. «Sonaba el timbre del cine, anunciando la entrada, y, junto a la puerta, se agrupaba una clientela vociferante y confusa. Doña Lucía, emperifollada, y las muchachas que la acompañaban, desentonaban ligeramente del conjunto, y, sabiéndolo, se mantenían un poco aparte.»

2. «No se disculpe. Todos los hombres son iguales. ¡Y yo que había elegido para usted una de mis amigas! Claro que son chicas de las que no van al cine solas con un hombre. ¡Aún si se hubiera fijado usted en Inés! ¡Pero, Clara!... No es que se sepa nada malo de ella. Sin embargo, para usted... ¡Tan vulgar! ¡Ande! ¡Váyase con ella! Ya le está esperando, y no parece haberle hecho mucha gracia verle conmigo.»

VII.1.5.

IMAGINE QUE USTED TENIA QUE ENCONTRARSE EN LA PUERTA DEL CINE CON UNA PERSONA QUE NO ACUDE A LA CITA. LLAMELO POR TELEFONO Y REPROCHELE SU INASISTENCIA USANDO LAS PALABRAS Y EXPRESIONES DE LA LISTA:

¡Cómo ......!
¡Con qué ......!
¡Y yo que ......!
Claro que
Aún si

¡Tan ......!
Sin embargo
¡Será que ......!
¡Ya ......!
¿Qué te importará si ......?

VII.1.6.

COMPLETE EL SIGUIENTE DIALOGO QUE SE DESARROLLA EN UN CINE, SEGUN LAS INSTRUCCIONES ENTRE PARENTESIS.

USTED: (PIDE UNA ENTRADA DE PLATEA, ASEGURÁNDOSE DE SI SON O NO NUMERADAS).
TAQUILLERA: No, no son numeradas. Tenga. Son doscientas cincuenta pesetas. Si puede, démelo suelto, por favor.
USTED: ...... (LE DICE QUE NO LLEVA SUELTO Y LE DA UN BILLETE DE MIL).
TAQUILLERA: Aquí tiene.

USTED: ...... (ADVIERTE QUE LE HA DADO MAL EL CAMBIO. SE LO DEMUESTRA).

TAQUILLERA: Usted me ha dado mil pesetas y yo le he devuelto siete billetes de cien y dos monedas de cinco duros.

USTED: ...... (LE ASEGURA QUE LE HA DADO MENOS BILLETES DE LOS QUE DICE Y SE LO PRUEBA).

TAQUILLERA: Mire, no estoy muy segura de lo que dice... Pero como el cliente siempre tiene razón... Si se las carga alguien, seré yo.

USTED: ...... (UNA VEZ EN EL INTERIOR DEL CINE, LE INDICA AL ACOMODADOR EN QUE LUGAR QUIERE SENTARSE).

USTED: ...... (YA EN LA FILA INDICADA LE DA PROPINA).

ACOMODADOR: Gracias. ¿Me da su entrada para que se la marque? ... Oiga, usted no puede estar aquí. Ha comprado una entrada de anfiteatro.

USTED: ...... (LE INSINÚA QUE ESTÁ EN UN ERROR PORQUE USTED HA PAGADO POR UNA BUTACA DE PLATEA).

ACOMODADOR: Mire, no insista. Si usted hubiera comprado una de platea, le hubieran dado una entrada verde, y esta es naranja. Lo siento, pero no puede quedarse aquí.

USTED: ...... (PROTESTA Y LE DICE AL ACOMODADOR QUE NO TIENE DERECHO A SUPONER QUE LO ESTÁ ENGAÑANDO).

ACOMODADOR: Oiga, no alborote, que la película ya ha empezado. Salga fuera, por favor.

USTED: ...... (EXIGE HABLAR CON LA TAQUILLERA).

TAQUILLERA: ¿Qué quería?

USTED: ...... (TRATA DE QUE LO RECUERDE PARA QUE CONFIRME SU BUTACA DE PLATEA).

TAQUILLERA: Comprenderá usted que es imposible que yo sepa si usted ha comprado o no una entrada de platea. ¡Con la cantidad de gente que he visto hoy!

USTED: ...... (LE RECUERDA EL INCIDENTE DEL CAMBIO).

TAQUILLERA: Sí, recuerdo lo del dinero, pero no la cantidad exacta que le he cobrado.

USTED: ...... (MUY MOLESTO POR LA SITUACIÓN TRATA DE INSINUAR QUE LA TAQUILLERA QUERÍA QUEDARSE CON UNA CANTIDAD DE DINERO).

ACOMODADOR: Tranquilícese usted. Esta señora lleva muchos años trabajando en esta empresa y jamás ha hecho nada malo.

USTED: ...... (EXIGE QUE LE DEJEN EL LIBRO DE RECLAMACIONES Y QUE LE DEVUELVAN EL DINERO).

TAQUILLERA: Supongo que entiende que no es posible devolverle el dinero.

ACOMODADOR: Aquí tiene el libro.

USTED: ...... (ESCRIBA EL CONTENIDO DE SU RECLAMACIÓN).

VII.1.7.

ESCRIBA UN PEQUEÑO DIALOGO ENTRE DOS PERSONAS: UNA QUE INTENTA COLARSE Y OTRA QUE DEFIENDE SU PUESTO EN LA COLA (Emplee las expresiones del ejercicio 1.5., entre otras):

VII.2.

COMPLETE EL SIGUIENTE TEXTO CON LOS TIEMPOS Y MODOS ADECUADOS
(EL TEXTO ESTA EN PASADO) Y LAS PREPOSICIONES QUE CONVENGAN:

...... = **preposición**
—— = **verbo**

La noche ..1... el 23 de junio de 1956, verbena de San Juan, el llamado Pijoaparte (SUR-GIR) _2_ ..3.. las sombras de su barrio vestido ..4... un flamante traje de verano color canela; (BAJAR) _5_ caminando ..6.. la carretera del Carmelo ..7... la plaza Sanllehy, (SALTAR) _8_ ..9.. la primera motocicleta que (VER) _10_ estacionada y que (OFRECER) _11_ ciertas garantías de impunidad (no .12. robarla, esta vez, sino simplemente .13. servirse .14. ella y abandonarla cuando ya no la (NECESITAR) _15_) y (LANZARSE) _16_ .17. toda velocidad .18. las calles .19. Montjuich. Su intención, esa noche, (SER) _20_ ir .21. el Pueblo Español, .22. cuya verbena (ACUDIR) _23_ extranjeras, pero .24. mitad de camino (CAMBIAR) _25_ repentinamente .26. idea y (DIRIGIRSE) _27_ .28. la barriada de San Gervasio .29. el motor .30. ralentí, respirando la fragante noche de junio cargada de vagas promesas, (RECORRER) _31_ las calles desiertas, flanqueadas .32. verjas y jardines .33. que (DECIDIR) _34_ abandonar la motocicleta y fumar un cigarrillo recostado .35. el guardabarros de un formidable coche sport parado frente .36. una torre. .37. el metal rutilante (REFLEJARSE) _38_ su rostro, mientras la suave música de un fox (ACARICIAR) _39_ su imaginación: frente .40. él, .41. un jardín particular adornado .42. farolillos y guirnaldas .43. papel, (CELEBRARSE) _44_ una verbena.

La festividad .45. la noche, su afán y su trajín alegres (SER) _46_ poco propicios .47. el sobresalto, y menos .48. aquel barrio; pero un grupo de elegantes parejas que (ACERTAR) _49_ .50. pasar junto .51. el joven no (PODER) _52_ reprimir ese ligero malestar que .53. veces (PROVOCAR) _54_ un elemento cualquiera .55. desorden.

J. MARSÉ, **Ultimas tardes con Teresa**
(Texto adaptado)

VII.3.

COMPLETE LAS SIGUIENTES FRASES CON **SER** O **ESTAR**, SEGUN CONVENGA:

1. ¿Puedes decirme qué hora ......? Se me ha estropeado el reloj y no tengo ni idea de a qué hora ......
2. Debe estar enfermo porque ayer ...... muy pálido.
3. Aquel despacho que ...... a la derecha del ascensor ...... donde yo trabajo.
4. El suelo de los dormitorios ...... de madera; el del resto de las habitaciones ...... de mosaico.

5. Me dijeron que los actos inaugurales de la feria ...... en Burgos capital.
6. Todavía ...... demasiado pronto para merendar, ¿verdad?
7. No ...... fácil convivir con Ricardo: se tiene que ...... muy pendiente de sus caprichos.
8. Realmente el trabajo de jardinería ...... muy cansado. Sobre todo si, como nos pasa a nosotros, las máquinas ...... anticuadas.
9. El carpintero que vino a montar la estantería nos pareció un chico muy culto. Por lo visto, aunque ...... de ebanista, ... matemático, pero no ha encontrado ningún trabajo relacionado con su profesión.
10. Cuando ...... de vacaciones, pasamos por Salamanca. ...... tan lleno de gente que tuvimos que irnos ese mismo día. ...... una pena que sólo la conozcamos ...... de paso.
11. Podemos salir cuando queráis. Ya ...... lista.
12. La comida ...... servida.
13. Jaime y Montserrat se casarán en una ermita románica que ...... cerca de Teruel. La comida ...... en un parador nacional.
14. Suerte que llegas. ...... cansados de esperarte.
15. ¡Qué fría ...... esta naranjada! ...... mejor que no me la tome porque ...... muy resfriado.

VII.4.

TRANSFORME LAS FRASES USANDO TAN... QUE, TANTO... QUE O DE TANTO... QUE:

> **Modelo:** Se ha inundado parte de la ciudad porque ha llovido mucho. ⟶
> **De tanto que** ha llovido se ha inundado parte de la ciudad.
> Ha llovido **tanto que** se ha inundado parte de la ciudad.

1. No puedo oír la radio porque los niños hacen mucho ruido.
2. Se ha hecho famoso porque sale en muchos anuncios.
3. Grita porque su equipo favorito está jugando muy bien.
4. Hoy no voy en moto porque hace mucho frío.
5. Está muy preocupado porque carece de medios económicos para hacer frente a los gastos de su familia.
6. Los niños se están comiendo los restos de la cena de ayer porque tienen mucho apetito.
7. Carmiña no se puede poner la ropa del año anterior porque se ha adelgazado mucho.
8. Este chico se ha desarrollado mucho porque habitualmente hace deporte.
9. John tiene muy buen acento porque hace mucho tiempo que vive en España.
10. Están perfectamente informados porque leen varios periódicos cada día.
11. Tienes mala letra porque escribes muy rápido.
12. Estáis gordos porque coméis muchas golosinas.

VII.5.1.

Describa la situación usando, entre otras, las siguientes palabras o expresiones:

estar hasta las narices
no poder más
protestar
aparecérsele algo a alguien
un espejismo
como si
sermonear
reflexionar
seguir + gerundio
argumentar
en seco

gesticular
a grito pelado
a la espera
sin titubeos
dar un beso
desconcertarse
no poder dar crédito a
quedarse de piedra/abatido
salirse con la suya
lograr
rendirse

VII.5.2.

Elabore un diálogo en el que el personaje cuente lo que le pasó y las sensaciones que tuvo. Emplee el léxico de la descripción.

VII.5.3.

COMPLETE LAS FRASES CON LAS PALABRAS O EXPRESIONES DE LA LISTA:

en seco
hecho polvo
hacer papilla
desconcertarse
argumentar
sermonear
sin titubeos
tener pinta de
no haberse podido imaginar algo
salirse con la suya

gesticular
a grito pelado
protestón
ir tirando
quedarse de piedra
(no) dar crédito a
a la espera
la situación que atraviesa
incluir
lograr

1. Se pasa el día diciendo lo mal que le van las cosas. Es un ......
2. Pepe no parece andaluz; ...... nórdico.

3. Lo único a lo que puede aspirarse con los actuales salarios es a ......
4. Si no ...... bien, no conseguirás convencerlos.
5. En el momento en que llegó la policía, los manifestantes se callaron ......
6. Cuando Fernando defiende sus ideas lo hace ...... y, además, ... enérgicamente. Da la sensación de que te va a ......
7. Al enterarse de que lo habían despedido, se deprimió tanto que todavía está ......
8. Siempre está dando consejos y ...... ¡Ni que fuera más inteligente que nosotros!
9. Sergio ...... al saber que Mario había muerto porque justamente lo había visto, en perfecto estado, el día anterior. ¡Nunca ......!
10. José Luis dijo que no sabía si ...... terminar ese artículo para hoy. Al final ......, aquí lo tienes.
11. A pesar de que en casa se había preparado muy bien el discurso, cuando vio tanta gente, ... y empezó a equivocarse y a tartamudear. Todavía le falta experiencia para poder hablar en público ......
12. Había tal cantidad de gente en el estadio que ni los propios organizadores del festival podían ...... sus ojos.
13. El comité de los trabajadores está ...... de la respuesta de los directivos de empresa para convocar o no la huelga.
14. ...... esa fábrica es tan desesperada que no parece tener arreglo.
15. Las últimas estadísticas, que ...... los resultados del año pasado, indican un notable aumento de la cifra de parados.

VII.5.4.

COMPLETE LAS SIGUIENTES FRASES CON PREPOSICIONES:

1. No nos moveremos de casa porque estamos ...... la espera de que nos den noticias de Carmen.
2. Fernando, con ese traje que se ha hecho, tiene pinta ...... actor de los años treinta.
3. Es obvio que la situación familiar ...... la que atraviesan no es muy favorable.
4. No sé cómo te las arreglas, Gloria, que siempre te sales ...... la tuya.
5. No hace falta que nos expliques tus asuntos ...... grito pelado: te oímos perfectamente.
6. El periódico anuncia una huelga de enseñantes para protestar por el sueldo ...... miseria que tienen.
7. Pues él dice que ...... hacía mucho tiempo estaba informado de la noticia.
8. ¿Verdad que este pastel tiene pinta ...... ser casero?
9. A los pocos seguidores del equipo los molieron ...... palos los hinchas del contrario.
10. Me quedé ...... piedra cuando me enteré de que habían malinterpretado mis palabras. Si lo llego a saber, me callo ...... seco.
11. Si te gusta José, vas a verlo a su casa y, ... titubeos, se lo dices.
12. Mercedes es tan fantasiosa que nadie da crédito ...... lo que dice.

VII.5.5.

COMPLETE LAS SIGUIENTES FRASES CON LOS TIEMPOS Y MODOS ADECUADOS:

1. Los empleados de la empresa Núñez han iniciado una protesta para que les (SUBIR) ...... el sueldo y les (INCLUIR) ...... un plus de peligrosidad.
2. Parece que Rosa estaba hasta las narices de que el propietario de su piso no (OCUPARSE) ...... de las reclamaciones que ella hacía.
3. Os aseguro que nos quedamos sin poder dar crédito a lo que (VER) ...... Y eso que habíamos sido testigos presenciales...
4. Tú sabes mejor que nadie que tu familia (ESTAR) ...... completamente arruinada.
5. Estuvieron esperando a que (DAR) ...... una respuesta hasta las tantas de la noche.
6. Suponiendo que (TENER, vosotros) ...... razón, no hace falta que lo expliquéis a grito pelado.
7. Cuando vi que la policía se acercaba, no podía pensar que (PRETENDER) ...... detener a los que estaban detrás de mí en la cola.
8. Rafa no te ha propuesto que vayas de viaje con él porque supone que ya (TENER) ...... algún plan.
9. Le dirá que es un pedante aunque, después, (ARREPENTIRSE) ......
10. Si sigues (PROTESTAR) ...... todo el tiempo, me largaré a otra parte.

VII.6.

TRANSFORME LAS SIGUIENTES FRASES EXPRESANDO LA PROBABILIDAD
MEDIANTE FUTUROS Y CONDICIONALES:

> **Modelo:** No llevo reloj, pero me parece que son las seis.
> ———→ **Serán** las seis.

1. Los he llamado muchas veces, pero nunca contestan. A lo mejor se han cambiado de piso.
2. Yo lo saludé pero él no me dijo nada. Probablemente no me vio.
3. Nunca nos habla de Laura. Quizás se han enfadado.
4. Creo que el señor Roca ya ha salido hacia su casa.
5. Teodoro no quiso dar su opinión, pero me parece que no estaba de acuerdo.
6. Eduardo se ha acostado ya. Debe de estar agotado después de tanto trabajo.
7. Se fue porque quizás no le interesaba nuestra conversación.
8. Este mes hemos gastado mucho. Probablemente no nos queda ni un duro en la cuenta corriente.
9. Víctor ya sabe que has llegado. Seguramente ha estado esperando tu llamada todo el día.
10. Nos parece que, cuando se lo dijimos, él ya se había dado cuenta.

VII.7. 📼

OIRA DOS VECES LA RESPUESTA A UNA PREGUNTA QUE USTED DEBE ELABORAR
LO MAS EXPLICITAMENTE POSIBLE (El ejercicio consta de cinco respuestas):

VII.8.

TRANSFORME LAS SIGUIENTES FRASES CONVIRTIENDOLAS EN CONSECUTIVAS:

> **Modelo:** **Por** no decir la verdad, lo castigaron.
> ⟶ No dijo la verdad, **así que** lo castigaron.
> No dijo la verdad; lo castigaron, **pues.**
> No dijo la verdad y, **por lo tanto,** lo castigaron

1. Ya que muchas industrias han sustituido hombres por máquinas, en algunas de ellas ha habido problemas laborales.
2. Como es muy digestivo, me encanta el zumo de naranja para desayunar.
3. La publicidad es criticable por intentar influir en la opinión de la gente.
4. Ya que estás tan animado, podríamos ir a cenar fuera.
5. En vista de que la gasolina sigue subiendo, convendrá usar más a menudo los transportes públicos.
6. Abandonaron aquel descabellado proyecto arquitectónico dado que comprobaron que no tenía buena acogida entre los afectados.
7. Como que el frío reinante era insoportable, se suspendió el partido.
8. Carecía de amistades porque era muy hosco.
9. En vista de que los López no pueden salirse de este apuro, haremos todo lo posible por ayudarlos.
10. Como no practicas el inglés, te has olvidado de todo.
11. Por conducir imprudentemente estuvo a punto de chocar contra un camión.
12. Lo traicionaron de puro ingenuo.

VII.9. 🔘🔘

ESCUCHE ATENTAMENTE EL TEXTO (R. GOMEZ DE LA SERNA, **El doctor inverosímil**)
Y RECONSTRUYALO CON EL LEXICO Y LAS EXPRESIONES DE LA SIGUIENTE LISTA,
INTENTANDO REPRODUCIR CON UN MAXIMO DE FIDELIDAD, TANTO SU CONTENIDO
COMO SU FORMA:

cualquier cosa
salva
me ha dado un gran resultado
utilizo
menudo
caja de música
bien empleada
olvidarse
echar los brazos a la muerte
como una tía
jugar con ellos
temporada
a más de
gracias a

VII.10.

DIGA QUE FRASE CORRESPONDE MEJOR AL CONTENIDO DE LA ENUNCIADA
Y JUSTIFIQUELO (Imagine situaciones para cada una de ellas):

1. **El hecho de que sea rico no justifica que sea pedante.**

    a)   Creo que es pedante porque es rico.
    b)   Creo que, aunque sea rico, es pedante.
    c)   Creo que no por ser rico debe ser pedante.

2. **Pedro actúa con la única intención de que le tengan en cuenta.**

    a)   Pedro actúa por tener en cuenta su intención.
    b)   El hecho de que Pedro actúe ha de ser tenido en cuenta.
    c)   Pedro actúa a fin de que lo tengan en cuenta.

3. **Dada la hora que es, lo mejor será que toméis un taxi.**

    a)   Como es tarde, tomad un taxi.
    b)   De ser esta hora, tomad un taxi.
    c)   Aun siendo esta hora, tomad un taxi.

4. De interesarte este escritor, dejaré de creer en tus gustos literarios.

    a)   Como te interesa este escritor, dejaré de creer en tus gustos literarios.

    b)   Te gusta este escritor para que deje de creer en tus gustos literarios.

    c)   Si te gusta este escritor, dejaré de creer en tus gustos literarios.

5. Confiar en su tío fue un error.

    a)   Aun confiando en su tío, fue un error.

    b)   De confiar en su tío, cometió un error.

    c)   Fue un error que confiara en su tío.

6. Aunque estuviera de acuerdo, no lo diría.

    a)   Como no está de acuerdo, no lo dice.

    b)   No lo dirá aunque, quizá, esté de acuerdo.

    c)   Si no estuviera de acuerdo, lo diría.

7. Aun insistiendo, no conseguirás convencerle.

    a)   Como no insistas, no lo conseguirás.

    b)   Si insistieras, lo conseguirías.

    c)   No lo conseguirás, aunque insistas.

VII.11. 🔘🔘

SEÑALE CON UNA CRUZ LA FRASE QUE HA SIDO LEIDA:

1. a) ¡No lo harás!
     b) No, lo harás.
     c) ¿No lo harás?

2. a) Como vendrás...
     b) ¿Cómo? ¿Vendrás?
     c) ¿Cómo vendrás?

3. a) ¡Si se cae!
     b) Sí, se cae.
     c) Si se cae...

4. a) Mira por dónde viene.
     b) Mira por donde, viene.
     c) Mira, ¿por dónde viene?

5. a) Sí, viene solo.
     b) Si viene, solo.
     c) Si viene solo...

6. a) No os lo han dado.
     b) No, os lo han dado.
     c) ¿No os lo han dado?
     d) ¡No! ¡Os lo han dado!

7. a) El que vino.
     b) El, que vino.
     c) El, ¿qué? ¿Vino?

8. a) Y ella no hablaba.
     b) ¿Y ella? ¿No hablaba?
     c) Y ella no hablaba...
     d) ¡Y ella no hablaba!

9. a) Si lo hacía...
   b) Sí, lo hacía
   c) ¿Sí? ¿Lo hacía?

10. a) Lo sabrán ya.
    b) ¡Lo sabrán ya!
    c) ¿Lo sabrán? ¿Ya?
    d) ¿Lo sabrán ya?

VII.12.

TRANSCRIBA EL SIGUIENTE DIALOGO USANDO ESTILO INDIRECTO:

> **Ejemplo:** Lucita le pidió a Tito que le contara algo y él le preguntó qué quería que le contara...

—Anda, cuéntame algo, Tito.

—Que te cuente, ¿el qué?

—Hombre, algo, lo que se te ocurra, mentiras, da igual. Algo que sea interesante.

—¿Interesante? Yo no sé contar nada, qué ocurrencia. ¿De qué tipo? ¿Qué es lo interesante para ti, vamos a ver?

—Tipo aventuras, por ejemplo, tipo amor.

—¡Huy, amor! ¡No has dicho nada! ¿Y de qué amor? Hay muchos amores distintos.

—De los que tú quieras. Con que sea emocionante.

—Pero si yo no sé relatar cosas románticas, mujer, ¿de dónde quieres que lo saque? Eso, mira, te compras una novela.

—¡Bueno! Hasta aquí estoy de novelas, hijo mío. Ya está bien de novelas, ¡bastantes me tengo leídas! Además es ahora que quería que me contaras tú algún suceso llamativo, aquí, en este rato.

—¿Y quieres que yo sepa contarte lo que no viene en las novelas? ¿Qué me vas a pedir?, ¿ahora voy a tener más fantasía que los que redactan? ¡Entonces no estaría yo despachando en un comercio, vaya chiste!

—Por hacerte hablar. No cuentes nada. Pues todas las novelas traen lo mismo, tampoco se estrujan los sesos, unas veces te la ponen a Ella rubia y a El moreno, y otras sale Ella de morena y El de rubio; no tienen casi más variación...

R. Sánchez Ferlosio, **El Jarama**
(Texto adaptado)

VII.13.

TRANSFORME LAS SIGUIENTES FRASES USANDO PARTICULAS COMPARATIVAS
(MAS... QUE/DE, MENOS... QUE/DE, TAN/TANTO... COMO, etc.):

> **Ejemplo:** Aquella mostaza es buena, pero ésta lo es todavía más.
> ————→ Esta mostaza es **más** buena **que** aquélla.
> Aquella mostaza no es **tan** buena **como** ésta.

1. Elena tiene treinta y tantos años, pero Alfredo, su marido, tiene bastantes más.
2. Damián sabe muchas matemáticas. Igual que Alberto.
3. Quedan algunas cervezas, pero no llegan a una docena.
4. Puedo dejarte todo lo que tengo: quinientas pesetas.
5. El segundo libro de poemas de Eduardo es excelente. El primero también lo era.
6. En el piso de la calle Balmes hay, como máximo, ocho dormitorios.
7. No puedo asegurarte cuántos discos tiene: entre doscientos o trescientos.
8. El psicólogo del colegio dijo que Rosa tenía un coeficiente intelectual algo inferior al de su hermana.
9. Enric ha dado varias conferencias y ha escrito la misma cantidad de artículos.
10. En la reunión de hoy habría unas treinta personas; en la de ayer, unas cincuenta.
11. Hace tres años que Eduardo trabaja en ese hospital comarcal. Igual que Javier.
12. El vídeo que se ha comprado le ha debido costar cien mil pesetas, como mínimo.

VII.14.

A PARTIR DE LAS FRASES SIMPLES PROPUESTAS CONSTRUYA UNA SOLA FRASE
COMPUESTA, REALIZANDO LAS TRANSFORMACIONES NECESARIAS Y AÑADIENDO
PARTICULAS SUBORDINANTES (Explote varias soluciones para cada grupo de frases):

1.
> Vi una película.
> La proyectaban en un cine.
> A ese cine fuimos un día con Mateo.
> La película no me gustó.
> Tenía un tema interesante.
> El tema estaba tratado de un modo muy superficial.

2.

> Terencio está gordo.
> No come demasiado.
> Bebe mucho líquido.
> Hace poco ejercicio.
> Tendrá problemas de salud.
> Debe vigilar su peso.

3.

> Te aconsejo leer este artículo.
> Es muy interesante.
> Quiero saber tu opinión.
> Mañana te llamaré.
> Quedamos en algún lado.
> Lo discutiremos.

VII.15.

1. Juanjo no ...... aguantarse y le cantó las cuarenta a su jefe. Ya sabes que él, al pan, pan y al vino, vino.

   a) podía
   b) pudo
   c) había podido
   d) ha podido

2. Fíjate ...... ese tipo del pelo largo. ¿No te recuerda a Fermín?

   a) a
   b) con
   c) en
   d) por

3. He puesto en el congelador el pastel para que, al tomarlo, ... muy frío.

   a) estará
   b) sea
   c) será
   d) esté

4. No los conté, pero ...... cincuenta comensales.

   a) habría
   b) habrían
   c) habrán
   d) habrá

5. Después de una jornada de trabajo de doce horas, uno se ......

   a) queda hecho polvo
   b) queda de piedra
   c) pone tonto
   d) pone los nervios de punta

6. La gente se iba yendo; sin embargo, el conferenciante siguió ...... como si tal cosa.

   a) a hablar
   b) hablado
   c) hablando

7. Perico dejó muy claro que, suponiendo que ...... cierta, tampoco se quedaba satisfecho con la explicación.

   a) fue
   b) era
   c) fuera
   d) sería

8. Estuve tres horas esperando a que me ...... el médico.

   a) recibiría
   b) recibiera
   c) recibió
   d) recibía

9. Habla tú que sabes mucho más inglés ...... yo.

   a) que
   b) de
   c) como

10. ...... nuestros hijos no se nos parecen.

   a) de veces
   b) varias veces
   c) otras veces
   d) a menudo

11. Este gimnasta se mueve ...... fuera de goma.

    a) como
    b) si
    c) como si
    d) tanto como

12. Me convenció ...... el recital que dio ...... he decidido comprarme todos sus discos.

    a) tan...que
    b) tanto...como
    c) tal...que
    d) tanto...que

13. Hoy ...... a martes, ¿verdad?

    a) es
    b) está
    c) estamos
    d) somos

14. Pase lo que pase acaba por ...... Siempre gana él.

    a) salirse con la suya
    b) tener la suya
    c) conseguir la suya
    d) hacer lo suyo

15. ¿José, casado? ¡......! Es un perfecto solterón.

    a) ni se te ocurra decirlo
    b) que cosa
    c) qué ocurrencia

16. Estas croquetas tienen pinta ...... ser de ayer.

    a) en
    b) de
    c) a
    d) desde

17. Nos alegramos mucho de que Pili ...... el examen de selectividad para entrar en la Facultad de Derecho.

    a) pasara
    b) pasará
    c) ha pasado
    d) había pasado

18. Encuentro que estos zapatos ...... anticuados. ¡Cómo cambia la moda!

    a) están
    b) son
    c) sean
    d) estén

19. Cuando los niños están durmiendo, María Dolores y José tampoco hablan ...... voz baja.

    a) con
    b) en
    c) sin
    d) a

20. No es que te ...... esto para imponer mi voluntad, sino para que no desentones en la fiesta.

    a) he dicho
    b) digo
    c) diga

21. La tertulia de ese grupo de intelectuales ...... en el café Gijón.

    a) estaba
    b) era
    c) había

22. Voy a casa de Matilde. Está a cuatro pasos, ... no tardaré mucho.

    a) pues
    b) ya que
    c) de modo que
    d) como

23. Lo siento, señora, no puedo decirle la hora exacta, pero ...... las ocho.

    a) son
    b) serían
    c) serán
    d) han sido

24. ¡Qué gracia me hace que, una tontería así, te la ...... tan a pecho!

    a) tomas
    b) tomabas
    c) tomes
    d) tomaste

25. Por el tiempo que llevan allá, parece que Fernando y Ana María se ...... a sus anchas.

    a) sientan
    b) sienten

26. Nos olvidamos de decirle a Ruiz que ...... fotocopias de todos los documentos.

    a) trajo
    b) trajera
    c) traerá

27. Javier es un marido perfecto. Siempre ...... muy pendiente de su mujer.

    a) es
    b) está

28. Pidió el jersey del escaparate ...... probárselo y ver cómo estaba hecho.

    a) por
    b) para
    c) al
    d) de

29. Le pregunté de dónde ...... que ...... un diccionario chino-vietnamita.

    a) quiere   a) saque
    b) quería   b) sacaba
    c) quise   c) saqué
    d) quisiera   d) sacara

30. Mirad: yo opino que, de ...... así, más vale que lo dejemos correr.

    a) seguido
    b) siguiendo
    c) seguir

CICLO VIII

VIII.1.

—Cogiste el teléfono, ¿verdad? Y oíste una voz de hombre.

—No, señor.

—¿No?

—No, señor. Primero, voz de mujer, que preguntó que si era el número y yo la dije que sí, que ese era el número, pero que no había nadie, y ella, que aguardase, que llamaban desde Nueva York, y yo, casi temblando, le grité que a mí me hablasen en cristiano que, si no, una servidora no se iba a enterar.

—¿Te hablaron en inglés?

—En inglés sería. Una voz de mujer. Pero la de acá le dijo algo, seguramente que una servidora sólo hablaba madrileño, porque siguieron entre ellas.

—Y luego, él preguntó por la señora.

—Eso es. Hablaba raro, pero lo pronunciaba todo. Oiga usted, ¡qué cosas!, lo mismito que si estuviese en el living. Y lo que yo digo, ¿cuántos kilómetros habrá de aquí a Nueva York? ¿Más que a Ceuta?

—Más.

—¿Como dos mil?

— Unos cincuenta mil.

—¡Válgame...!

—El señor ese, que hablaba raro, supongo que fue amable.

—Cincuenta mil... —tragó saliva—. Simpatiquísimo. Que quién era yo. Que la Merceditas. Que encantado de conocerme. Que la señora y el señorito, que es usted, estaban donde lo de la piscina de la señorita Bert, porque por aquí ya habían empezado los calores. Que por allí, por Nueva York, usted ¿me entiende?, también. Que, bueno, pues que nada. Y yo, que a mandar. Que no me olvidase de decirla a la señora que él la había llamado. Que de parte de quién. Que no me entendía, o no me quería entender el tío, ya se sabe lo que pasa muchas veces con los extranjeros. Y, entonces, intervino una de las telefonistas y dijo no sé qué. Y él se rió.

—Lo cuentas exacto, guapa. Te lo agradezco.

—Traiga que le eche un poco más de vino. ¿A que está bueno?

—Bonísimo. Me tenía preocupado lo de la conferencia. ¿Cómo te dijo que se llamaba?

—No lo dijo. Que telefonease la señora a Nueva York. Yo, después de la despedida, que me dijo adiós Merceditas y todo, y después que colgué porque la de los teléfonos me mandó que colgase, cogí un cacho de cartón, de los que tiene usted en la mesa del despacho, que, por cierto, había tres dedos de polvo, y un bolígrafo.

—Bolígrafo.

—Y un bolígrafo y allí me puse a escribirla el recado:

(«KE LAN YAMAO HAUSTE DE NUEBALLOR Y KE YAME USTE AKIEN LLASAVE. LAMERCEDITAS.»)

J. García Hortelano, **El gran momento de Mary Tribune**
(Texto adaptado)

VIII.1.1.

COMPLETE LAS SIGUIENTES FRASES CON LAS PALABRAS O EXPRESIONES DE LA LISTA:

agradecer	servidora
recado	donde lo de
conferencia	¡qué cosas!
tener preocupado	a mandar
aguardar	y todo
encantado	hablar en cristiano
de parte de	lo que pasa
colgar	temblar
echar	acá
dedos de	ya se sabe
lo mismito que	despedida

1. Dígame lo que quiere que le haga y yo, ...
2. Vayamos a tomar unas copas ...... tu cuñado.

3. ...... no sabe de letras, señorito; léamelo usted.
4. Si tuviera dos ...... frente, no haría tantas locuras.
5. El Rubio hace ...... su primo, que acabó en la cárcel.
6. Oiga usted, no le entiendo ni jota. Como no ....
7. Eso de que el niño ande llorando todo el día me ......
8. Durante el viaje mis suegros nos pagaron la estancia, las comidas, los desplazamientos. ¡Las postales, ...!
9. Federico, ... el teléfono del recibidor: ya cojo yo el del dormitorio.
10. Desde esta cabina no pueden ponerse ......, sólo llamadas urbanas.
11. Te ...... mucho que me hayas hecho este favor. A mí me era imposible ir hasta allá.
12. Ha llamado tu primo de Toledo y me ha dado este ...... para ti.
13. ¿Tienes frío? Estás ......
14. Como siempre sucede en estos casos, lo peor fue el momento de la ......
15. Ven para ......, que te quite un hilo que llevas ahí.
16. ...... el señor Matas que pases mañana a primera hora por su despacho.
17. ¡Ah! ¿Tú eres Raquel? ...... de conocerte.
18. ...... un momento. Enseguida estará con usted el doctor.
19. Si no le ...... lejía a la colada, no te quedará del todo blanca.
20. Cuando llegó el momento de explicar a su familia que habían decidido divorciarse, se lo pasó muy mal. Estas cosas, ..., son difíciles de plantear.
21. Hace tan sólo un año dejaron de dirigirse la palabra y ahora vuelven a ser carne y uña. ¡......!
22. No es que esté enfadado contigo. ...... es que hoy tengo un mal día.

VIII.1.2.

CORRIJA TODOS LOS PRONOMBRES MAL UTILIZADOS:

1. La pescatera la dijo que era una mal educada.
2. Señorita, me se ha caído el jarrón ese que tanto la gustaba y me le he cargado.
3. En los anuncios de los parques se pone que está prohibido pisar el césped.
4. Nena, no grites tanto que ya te se oye.
5. ¡Se sienten de una vez, hombre!
6. Tuve una gran satisfacción al decirla que su sección era la más eficaz.
7. Al abuelo lo molesta que hablen alto.
8. ¡Cuánta gente hay allí! ¿Qué se pasa?
9. No vale la pena que intentes convencer a Julián. Me ha comentado que no se apetece venir.
10. Me ponga un litro de leche y un paquete de harina.

VIII.1.3.

TRANSFORME LAS SIGUIENTES FRASES EXPRESANDO LA PROBABILIDAD
MEDIANTE FUTUROS Y CONDICIONALES:

1. Seguramente tiene unos 30 años.
2. En Barcelona viven aproximadamente tres millones y medio de personas.
3. Creo que había unas cien personas reunidas.
4. Ese local debe de costar unos ocho millones.
5. Aquel tío debía de ser extranjero porque hablaba muy raro.
6. Parecía de mal humor.
7. Tal vez sean ellas, aquéllas de allá.
8. Se encontraron alrededor de las seis.
9. En la manifestación había un millar de personas o algo más.
10. Seguramente se equivocaron de carretera; por eso no llegaron.
11. Han tenido una docena de visitas, más o menos.
12. Es muy probable que ya haya terminado el descanso.

VIII.1.4.

COMPLETE LAS SIGUIENTES FRASES CON PREPOSICIONES:

1. Lo que pasa ...... este tocadiscos es que está viejo.
2. Me parece que ...... Burgos hace peor tiempo que ...... Santander.
3. Emilia no llegó a enterarse ...... lo ...... su hermano.
4. No os olvidéis ...... cerrar el gas al salir.
5. Dicen que estaba encantado ...... estar viviendo en un país tan exótico.
6. ¡Ve con cuidado! El jefe hoy no está ...... bromas.
7. Si te pusieran obstáculos, pregunta ...... don Enrique Jordán y dile que vas ...... parte mía.
8. Neus y Lurdes se lo cuentan todo. Puede decirse que, ... ellas, no hay secretos.
9. Me cuesta mucho seguir lo que dice porque de repente se pone ...... hablar ...... voz baja.
10. ¿...... que te gustaría no ir mañana a trabajar y no pedirle a nadie excusas?

VIII.1.5.

TRANSFORME LAS SIGUIENTES FRASES EXPRESANDO LA MISMA INFORMACION
DE FORMA MENOS COLOQUIAL:

1. «Oiga usted, ¡qué cosas!, lo mismito que si estuviese en el living, y lo que yo digo, ¿cuántos kilómetros habrá de aquí a Nueva York?»

2. «Traiga que le eche un poco más de vino. ¿A que está bueno?»

3. «Le grité que a mí me hablasen en cristiano que, si no, una servidora no se iba a enterar.»

VIII.1.6.

Corrija ortográficamente la nota que Merceditas dejó a su señora.

VIII.1.7.

Elabore el diálogo exacto que se produjo entre el señor de Nueva York y Merceditas, a partir del relato de ésta.

VIII.1.8.

Transcriba el diálogo anterior en un estilo indirecto (pasado) no coloquial.

VIII.2.

COMPLETE EL SIGUIENTE TEXTO CON LOS TIEMPOS Y MODOS ADECUADOS
(El texto está en pasado):

Entonces (SOBREVENIR)...(1) la calamidad que, por segunda vez (ARRUINAR)...(2) a la familia. Los buenos años las lluvias (COMENZAR)...(3) en diciembre; los malos, en febrero o marzo. Ese año, en mayo no (CAER)...(4) gota de lluvia. El San Francisco (PERDER)...(5) dos tercios de su caudal y apenas (ALCANZAR)...(6) a satisfacer las necesidades del pueblo, cuya población (CUADRUPLICARSE)...(7) con los retirantes del interior.
Antonio Vilanova no (COBRAR)...(8) ese año una sola deuda y todos sus clientes, dueños de haciendas o pobres moradores, le (CANCELAR)...(9) los pedidos. Hasta Calumbí, la mejor propiedad del Barón de Cañabrava, le (HACER)...(10) saber que no le (COMPRAR)...(11) ni un puñado de sal.(PENSAR)...(12) sacar provecho de la adversidad, Antonio (ENTERRAR)...(13) los granos en cajones envueltos con lona para venderlos cuando la escasez (PONER)...(14) los precios por las nubes. Pero la calamidad (SER)...(15) demasiado grande, incluso para sus cálculos. Pronto (COMPRENDER, él)...(16) que si no (VENDER, él)...(17) de una vez (QUEDAR-SE, él)...(18) sin compradores, pues la gente (GASTARSE)...(19) lo poco que (CONSERVAR)...(20)

en misas, procesiones y ofrendas para que Dios (HACER)...(21) llover. Entonces, (DESEN-TERRAR, él)...(22) sus cajones: los granos, pese a la lona, (ESTAR)...(23) podridos. Pero Antonio nunca (SENTIRSE)...(24) derrotado. El, Honorio, las Sardelinhas y hasta los niños —uno de él y tres de su hermano— (LIMPIAR)...(25) los granos como (PODER, ellos)...(26) y el pregonero (ANUNCIAR)...(27) a la mañana siguiente, en la Plaza Matriz, que por fuerza mayor el almacén de los Vilanova (REMATAR)...(28) las existencias. Antonio y Honorio (ARMARSE)...(29) y (PONER, ellos)...(30) a cuatro sirvientes con palos a la vista para evitar desmanes. La primera hora todo (FUNCIONAR)...(31). Las Sardelinhas (DESPACHAR)...(32) en el mostrador mientras los seis hombres (CONTENER)...(33) a la gente en la puerta, dejando entrar en el almacén sólo grupos de diez personas. Pero pronto (SER)...(34) imposible contener a la multitud que (TERMINAR)...(35) por echar abajo puertas y ventanas e invadir el almacén. En pocos minutos (APODERARSE, ella)...(36) de todo lo que (HABER)...(37) dentro, incluido el dinero de la caja. Lo que no (PODER, ellos)...(38) llevarse lo (PULVERIZAR)...(39).

La devastación no (DURAR)...(40) más de media hora y, aunque las pérdidas (SER)...(41) grandes, nadie de la familia (RESULTAR)...(42) maltratado. Honorio, Antonio, las Sardelinhas y los niños, sentados en la calle, (CONTEMPLAR)...(43) cómo los saqueadores (RETIRARSE)...(44) del que (SER)...(45) el almacén mejor provisto de la ciudad. Antonio (ESTAR)...(46) pálido. «Tenemos que empezar de nuevo, compadre», (MURMURAR)...(47) Honorio. «Pero no en este pueblo», le (CONTESTAR)...(48) su hermano.

M. VARGAS LLOSA, **La guerra del fin del mundo**
(Texto adaptado)

VIII.3.

SUSTITUYA LO SUBRAYADO POR **SER** O **ESTAR**, SEGUN CONVENGA, HACIENDO LAS TRANSFORMACIONES NECESARIAS:

1. Este asunto **me preocupa** un poco.
2. **Imprimieron** este ejemplar en Bilbao.
3. Su falta de interés **resulta** evidente.
4. Calienta el café, por favor; **se ha enfriado.**
5. Llevamos una temporada **de muchos nervios.**
6. ¿**Vas a** empezar un nuevo jersey?
7. **Parece** preferible que no nos declaremos en huelga.
8. Este turrón **lo hacen** en Alicante.
9. Mi reloj **marca** las cinco y veinte.
10. Jeremías **representa a** la sección administrativa de esa empresa.
11. La sala de exposiciones **permaneció** cerrada dieciocho días.
12. ¡Baja el volumen de la radio! No es necesario **oírla** tan alta.
13. Tu madre **aparenta menos años de los que tiene.**
14. La chaqueta de cuadros y la falda gris te **quedan** muy bien.
15. **Ya llevan** cinco horas reunidos.

VIII.4.

TRANSFORME LAS SIGUIENTES FRASES INTRODUCIENDO OTRAS PARTICULAS
CONDICIONALES:

> **Ejemplo:** Si no estáis animados, más vale que no salgamos.
> ————→ **Como** no estéis animados, más vale que no salgamos.

1. Firmaremos este documento siempre que no nos perjudique.
2. Como los precios sigan subiendo, no sé a dónde iremos a parar.
3. Terminarán la huelga siempre que atiendan sus reivindicaciones.
4. Si no se cuida un poco, tendrán que operarle del estómago.
5. Si no encontramos pronto una gasolinera, nos vamos a quedar sin gasolina.
6. De no cambiar radicalmente la situación económica, muchas empresas tendrán que cerrar.
7. Con tal de que me prometas no comentarle nada a Basilio, te explicaré lo que le pasó el otro día.
8. Este niño, como sigan mimándolo como hasta ahora, va a ser un maleducado.
9. Si la fiesta sigue así de aburrida, todo el mundo se marchará muy pronto.
10. De haber sabido que llegabais hoy, hubiera preparado algo de cena.

VIII.5.1.

Describa la situación a partir de la primera imagen en la que el doctor Camilo le comenta a un conocido: «Mi mujer es una santa, pero a veces...», utilizando, entre otras, las palabras o expresiones de la lista:

hacer una confidencia
comentar
contar
deformar
rumor
chisme
casualmente

contar un secreto
creer al pie de la letra
manipular
criticar
dar en
en la compra
hacérselas pagar

VIII.5.2.

Imagine un diálogo para cada viñeta, usando, además de la frase propuesta, las palabras y expresiones siguientes:

Tal como lo oyes
¡Palabra!
Jurar
Según dicen
Andar diciendo por ahí
¿A que no sabes...?
No poder creer algo
Tan ...... que parecía
¿De veras?
Hablar por hablar
Asegurar

¡Vaya con...!
Ser extraño que
Ni que...
Ella, que...
No ser cierto que
Saberlo de buena tinta
Parecerle (a alguien) que
Resulta que
Saber por
Dar que hablar

VIII.5.3.

COMPLETE LAS SIGUIENTES FRASES CON LOS TIEMPOS Y MODOS ADECUADOS:

1. Es extraño que Quim Martínez, con la sensibilidad que tiene, no (ESCRIBIR) ...... nunca ninguna novela ni ningún cuento. Si lo hiciera, (DAR) ...... que hablar.
2. Resulta que Lola y Sebastián, ahora que sus hijas ya se han hecho muy mayores, (DEDICARSE) ...... a correr mundo.

3. El médico le ha prohibido terminantemente comer féculas y beber alcohol. Y Armando se pasa el día diciendo: «¡Ni que (ESTAR, yo) ...... tan gordo!».

4. No es cierto que Ernesto y Aurora (ESPERAR) ...... otro crío. Si con los dos que tienen ya están muy entretenidos...

5. La señora Serarols, cuando se lo dijeron, no podía creer que su hija (CASARSE) ...... con un irlandés. Muy buen chico, por cierto.

6. Todo el mundo anda diciendo por ahí que Jordi Vendrell (SER) ...... el mejor locutor de radio de los últimos tiempos.

7. He sabido por Tere que Marta (DECIDIR) ...... vender ya su viejo seiscientos.

8. Te aseguro que mi abuela Mercedes, a pesar de tener ochenta y tantos años, (PARECER) ...... una jovencita.

9. Sí que es cierto que María Rosa (MEJORAR) ...... con los años. Está cada día más elegante.

10. No te sorprendas. No es extraño que mi madre te (TRAER) ...... una naranjada a la cama esta mañana. A mí me la trae cada día.

VIII.6.

TRANSFORME LAS SIGUIENTES FRASES SEGUN EL MODELO:

> **Modelo:** Hemos llegado tarde porque el coche se ha averiado.
> ──────→ **La avería** del coche **ha hecho que** llegáramos tarde.

1. Os contratarán porque parecéis bien dispuestos.
2. Avisaron a los bomberos porque sospecharon el peligro.
3. Los puertos marítimos comerciales huelen mal porque están sucios.
4. Se respira con dificultad porque el día es muy húmedo.
5. Todo el mundo aprecia mucho a Marta porque es muy dulce.
6. Tu habitación preferida es el estudio porque es muy clara y amplia.
7. Los ciudadanos votaron por la moderación porque temían el cambio.
8. Está acomplejado porque es calvo.
9. No me gustan estos pantalones porque el tejido es demasiado grueso.
10. Sobrelleva bien la muerte de su marido porque tiene un carácter muy fuerte.
11. Las obras de esta carretera resultarán muy caras porque el tramo es muy largo.
12. El proyecto avanza lentamente porque los medios económicos son escasos.

VIII.7. [oo]

OIRA DOS VECES LA RESPUESTA A UNA PREGUNTA QUE USTED DEBE ELABORAR LO MAS EXPLICITAMENTE POSIBLE (El ejercicio consta de cinco respuestas):

VIII.8.

TRANSFORME LAS SIGUIENTES FRASES INTRODUCIENDO PARTICULAS FINALES:

> **Ejemplo:** Quieren cambiar los horarios de la oficina porque hay muchas quejas por parte de los empleados.
>
> ———→ Quieren cambiar los horarios de la oficina **para que** no haya quejas por parte de los empleados.

1. Como le sigue subiendo la fiebre, tiene que ponerse estas inyecciones.
2. Estuve con Eduardo toda la tarde porque estaba muy solo.
3. Como vive muy lejos y tiene que volver mañana por la mañana muy pronto, le he prestado el coche.
4. El partido en el poder ha hecho muchas promesas porque quiere mantener su mayoría en el Congreso.
5. Les he prometido a Pablo y María quedarme con la niña porque tienen que ir a una fiesta.
6. Como había muchos temas por discutir, el presidente de la Asociación convocó una reunión extraordinaria.
7. Debéis llegar antes de la diez; así que tenéis que salir ahora mismo.
8. Tienen ganas de irse a vivir al campo y por eso sus padres les han comprado ese terreno.
9. Me mandó los libros por correo porque yo necesitaba tenerlos esta misma semana sin falta.
10. Juanjo le prometió que volvería pronto porque ella no estaba tranquila.

VIII.9. [⊙⊙]

ESCUCHE ATENTAMENTE EL TEXTO Y, DESPUES, RECONSTRUYALO COMPLETANDO LAS PALABRAS QUE FALTAN:

No se puede vivir .... con un idioma, moviéndolo longitudinalmente, ..., hurgándole el pelo y ...., ... esta intimidad .... del organismo. ...... me ...... con la lengua española. La lengua ...... tiene otras ......; la lengua escrita ...... una longitud imprevista. El ...... del idioma como vestido o .... en el cuerpo; ...... sus mangas, sus ......, sus transpiraciones y .... de sangre o ......, revela .... Esto es el ...... Yo ...... mi época .... las revoluciones de la cultura francesa. Siempre ...., pero .... no le ...... a mi cuerpo como ......

P. Neruda, **Confieso que he vivido**
(Texto adaptado)

VIII.10.

COMPARE LAS SIGUIENTES FRASES SEÑALANDO LAS DIFERENCIAS DE SIGNIFICADO EXISTENTES ENTRE ELLAS:

1. Alicia hubiera votado sí, pero votó no.
2. Alicia hubiera votado no, pero no votó.
3. Alicia votaría sí, pero no votará.
4. Alicia votaría sí, pero votará no.
5. Alicia votaría sí, si ..., pero votará no.
6. Alicia votaría sí, pero no votará si...
7. Tanto si vota como si no, votará no.
8. No votará no, sino que votará sí.
9. Mientras vote, votará no.
10. De votar, votará no.
11. Siempre que vote, votará no.
12. Siempre que vota, vota no.

VIII.11. 🔘

SEÑALE CON UNA CRUZ LA FRASE QUE HA SIDO PRONUNCIADA:

1. a) ¿Está lejos?
   b) ¡Está lejos!
   c) Está lejos.

2. a) ¡Qué duele!
   b) ¿Qué? ¿Duele?
   c) Que duele.

3. a) No viene.
   b) No, viene.
   c) No, ¿viene?
   d) ¿No viene?

4. a) Lo quiere... ¿Así?
   b) ¿Lo quiere? ¿Ah, sí...?
   c) ¡Lo quiere así!

5. a) No, le va mal.
   b) No le va mal.
   c) ¿No le va mal?
   d) No, ¿le va mal?

6. a) Sí, ¿quiere más?
   b) Si quiere más...
   c) ¿Sí? ¿Quiere más?

7. a) Porque tiene frío.
   b) ¿Por qué tiene frío?
   c) ¿Por qué? ¿Tiene frío?

8. a) No lo dijo.
   b) No, ¿lo dijo?
   c) ¡No! ¡Lo dijo!

9. a) ¿Qué terminó?
   b) ¿Qué? ¿Terminó?
   c) Que terminó.

10. a) Sí, ¿es de Luis?
    b) Si es de Luis...
    c) Sí, es de Luis.

VIII.12.

CONVIERTA EL SIGUIENTE TEXTO EN UN DIALOGO:

> **Ejemplo:** —No vengas. La vida es muy dura.

A pesar de que se lo había advertido, que no viniera, que la vida era muy dura, que si en el pueblo era difícil aquí también había que buscársela, que ya era muy mayor para entrar en ningún oficio, que sólo querían mozos jóvenes. Que, sin tener oficio, iba a andar a la busca toda la vida, que nunca encontraría cosa decente. Todo, todo se lo advertí. Y nada, que se vino. Todo vino a caer sobre mí. Que si éramos o no éramos primos, que si su madre y mi madre habían estado de parto en el mismo día, que si cuando su madre se había venido a Madrid, la mía estaba sirviendo en casa del médico. Total que me encontré de improviso a toda la familia sobre mis hombros.

L. Martín Santos, **Tiempo de silencio**
(Texto adaptado)

VIII.13.

TERMINE LAS FRASES PROPUESTAS USANDO **LO**:

> **Ejemplo:** Cuando hablo en público, me pongo muy nervioso.
> ⟶ No te puedes imaginar **lo** nervioso **que** me pongo cuando hablo en público.

1. Decírselo me costó mucho.
   No quieras saber...

2. Es un cuadro muy valioso.
   Imagínate...

3. A Joaquín le gusta mucho fumar en pipa.
   Ya sabes...

4. Tienen la casa muy bien arreglada.
   Es increíble...

5. Mientras estuviste de viaje, te echamos mucho de menos.
   No te puedes hacer una idea de...

6. Rosa está muy charlatana últimamente.
   Cuéntale...

7. ¡Qué comilones sois!
   No me podía llegar a imaginar...

8. ¡Todo está carísimo!
   Es indignante...

9. Este es un tema muy delicado.
   Ya se sabe...

10. Sus hijos lo necesitan mucho.
    Ya habrás visto...

11. El reencuentro resultó muy desagradable.
    Tenías que haber visto...

12. Estuvimos en una fonda muy destartalada.
    No os podéis imaginar...

VIII.14.

A PARTIR DE LAS FRASES SIMPLES PROPUESTAS CONSTRUYA UNA SOLA FRASE COMPUESTA, REALIZANDO LAS TRANSFORMACIONES NECESARIAS Y AÑADIENDO PARTICULAS SUBORDINANTES (Explote varias posibilidades para cada grupo de frases):

1. Santiago obtuvo un puesto de gerente.
   Santiago no era un verdadero especialista.
   Santiago conocía mucho al hijo del dueño.
   Se lo dije a Enrique.
   Enrique tenía grandes esperanzas de obtener ese empleo.
   Enrique se decepcionó mucho.

2.

> Me han encargado una traducción.
> No es un trabajo bien pagado.
> Es una pena.
> Lo cogeré.
> Dispondré de menos tiempo libre.

3.

> Diez militantes anarquistas serán juzgados.
> Secuestraron a B. Jaca.
> B. Jaca fue retenido tres semanas por una organización.
> Los diez inculpados pertenecían a esta organización.
> Me enteré por la prensa.

VIII.15.

1. Me dijo que le ...... con atención porque ...... a contarme algo que me interesaría y luego resultó ser una tontería.

   a) escuche
   b) escuchara
   c) escucharía
   d) escucho

   a) vaya
   b) fue
   c) iría
   d) iba

2. Aunque parezca mentira, te aseguro que ...... dijo tal y como yo te lo he contado.

   a) le
   b) la
   c) Ø
   d) lo

3. La gran cantidad de problemas económicos que convergen en el momento actual hace que ...... la delincuencia.

   a) aumenta
   b) aumentará
   c) aumente
   d) ha aumentado

4. Creo que deberías hablar con Raimundo ...... Silvia.

   a) de la
   b) de lo de
   c) lo de
   d) de lo

5. Desde hace algún tiempo, a algunos jóvenes ...... ha dado por llevar auriculares.

   a) los
   b) se
   c) les
   d) Ø

6. ...... haber sido cierto lo que tú nos has contado, ya estaríamos enterados todos desde hace días.

   a) de
   b) con
   c) por
   d) si

7. ...... triste fue que todo el lío se organizó por culpa de un malentendido.

   a) el
   b) Ø
   c) lo

8. Era un incendio importante pero en pocos minutos los bomberos ...... apagarlo.

   a) lograron
   b) lograban
   c) habían logrado

9. Te prometo no volver a hacer una tontería semejante, ... Y, por favor, no sigas haciéndome mala cara.

   a) de palabra
   b) palabra
   c) ni palabra
   d) en una palabra

10. ¿Por qué no te pones la camisa amarilla? Te ...... muy bien.

   a) estás
   b) eres
   c) es
   d) está

11. La asamblea no ...... más de media hora y eso que había varias cuestiones importantes que tratar.

   a) duró
   b) duraba
   c) durara

12. Cuando supe lo de su padre se puso ...... llorar y no había quien pudiera calmarla.

    a) de
    b) por
    c) a

13. No me vengáis con excusas. ...... que pasa es que no tenéis ganas de acompañarme.

    a) eso
    b) esto
    c) lo
    d) el

14. Nos ...... preocupados el niño. De un tiempo a esta parte se comporta de una forma algo extraña. Incluso hemos pensado llevarlo al psicólogo.

    a) lleva
    b) tiene
    c) está
    d) queda

15. Pronto ...... que me estaba tomando el pelo y se lo dije claramente.

    a) comprendía
    b) he comprendido
    c) comprendí

16. ¿...... parece bien que quedemos el sábado que viene en mi despacho, señora Garrido?

    a) se
    b) lo
    c) le
    d) la

17. ...... se vuelva a comportar de una forma tan estúpida, no le dirigiré más la palabra.

    a) si
    b) como
    c) mientras
    d) porque

18. ...... de que os vais a casar el mes que viene. ¡Enhorabuena!

    a) He conocido
    b) Sabía
    c) Me he enterado
    d) Conozco

19. Como se mueven en un ambiente muy conservador su divorcio va a ...... hablar, pero a ellos les da lo mismo.

   a) dar por
   b) dar que
   c) dar de
   d) dar a

20. He sacado entradas para que ...... el domingo al fútbol.

   a) vayamos
   b) vamos
   c) iremos
   d) iríamos

21. Por favor, dejadme tranquilo. Lo siento, no ...... para bromas.

   a) soy
   b) estoy

22. Me parece que, ... llegar a tiempo a la estación, lo mejor será coger un taxi.

   a) de
   b) por
   c) para

23. Es extraño que todavía no ...... Se habrán perdido por el camino.

   a) han llegado
   b) llegaron
   c) llegaran
   d) hayan llegado

24. Este mes el teléfono nos ha subido mucho y es que hemos ...... muchas conferencias.

   a) llamado
   b) puesto
   c) tenido
   d) cogido

25. Nos has hecho un gran favor. No sé cómo nos las hubiéramos arreglado sin tu ayuda. Te lo ...... mucho.

   a) felicitamos
   b) agradecemos
   c) debemos
   d) rogamos

26. No es cierto que yo ...... eso anteayer. Te han informado mal.

   a) dijera
   b) haya dicho
   c) dije
   d) decía

27. Te presto el coche ...... te comprometas a devolvérmelo el lunes sin falta.

   a) como
   b) si
   c) con tal de que
   d) a fin de que

28. ¡Qué creído se lo tiene! ¡Ni que ...... el más inteligente y el más atractivo de los hombres!

   a) esté
   b) sea
   c) fuera
   d) estuviera

29. Pásame tu copa para que te ...... un poco más de jerez.

   a) meta
   b) doy
   d) pongo
   e) eche

30. Te ha llamado Esteban. ¿Te han dado el ......?

   a) mensaje
   b) recado
   c) encargo

CICLO IX

IX.1.

A veces me entretengo en el supermercado observando a las amas de casa que vacilan frente a los estantes mientras deciden qué comprar, las veo vagar con su carrito por los laberintos de los artículos expuestos a su curiosidad, y siempre me pregunto cuál de ellas se va a suicidar ese día a las seis de la tarde. Esa mala costumbre me viene de un estudio médico del cual me habló hace algunos años una buena amiga, y según el cual las mujeres más felices de las democracias occidentales, al cabo de una vida fecunda de matriarcas evangélicas, después de haber ayudado a sus maridos a salir del pantano y de formar a sus hijos con pulso duro y corazón tierno, terminan por suicidarse cuando todas las dificultades parecían superadas. La mayoría de ellas, según las estadísticas, se suicidan al atardecer.

La explicación de que las mujeres sometidas a su condición actual de amas de casa terminen por suicidarse a las seis de la tarde no es tan misteriosa como podría parecer. Ellas, que en otros tiempos fueron bellas, se habían casado muy jóvenes con hombres emprendedores y capaces que apenas empezaban su carrera. Eran laboriosas, tenaces, leales y empeñaron lo mejor de ellas mismas en sacar adelante al marido con una mano, mientras que con la otra criaban a los hijos con una devoción que ni ellas mismas apreciaron como un milagro de cada día. «Llevaban», como tantas veces he oído decir a mi madre, «todo el peso de la casa encima». Tal como lo hacían sus abuelas en otras tantas guerras olvidadas. Sin embargo, aquel heroísmo secreto, por agotador e ingrato que fuera, era para ellas una justificación de sus vidas. Lo fue menos muchos años después cuando el marido que acabaron de criar logró una posición profesional y empezó a cosechar solo los frutos del esfuerzo común, y lo fue mucho menos cuando los hijos acabaron de crecer y se fueron de la casa. Aquel fue el principio de un gran vacío, que no era todavía irremediable: las perfectas casadas sobrellevaban las horas de la mañana. Todavía no comían solas si el marido llamaba en el último momento para decir que no lo esperaran para almorzar: algunas amigas en iguales condiciones estaban ansiosas de acompañarlas. No obstante, después de la siesta estéril, de la peluquería obsesiva, de las novelas de televisión o de las interminables conversaciones telefónicas, sólo quedaba en el porvenir el abismo de las seis de la tarde. A esa hora, o bien se conseguían un amante de aquellos que ni siquiera tienen tiempo de quitarse los zapatos, o se tomaban de un golpe todo el frasco de somníferos. Muchas, las que habían sido más dignas, hacían ambas cosas.

El comentario de los amigos sería siempre el mismo: «¡Qué raro!, si tenía todo para ser feliz». Mi impresión personal es que esas esposas felices sólo lo fueron, en realidad, cuando tenían muy poco para serlo.

G. García Márquez, **Las esposas felices se suicidan a las seis**
(Texto adaptado)

IX.1.1.

COMPLETE LAS FRASES CON LAS PALABRAS O EXPRESIONES DE LA LISTA:

vacilar	llevar el peso de (algo) encima
artículos	agotador
preguntarse	(ser) ingrato
formar	justificación
superar	secreto
(estar) sometido	criar
condición	posición
(ser) emprendedor	cosechar
carrera	común
(ser) laborioso	irremediable
(ser) tenaz	sobrellevar
(ser) leal	ambas
sacar adelante	digno
apreciar	frasco
devoción	estéril

1. No creo que Mario tenga ninguna ...... para explicar el lío que ha organizado.
2. Es una mujer digna de ser admirada: desde que la dejó el marido, ella sola ...... a sus cuatro hijos.
3. Daniel, como todo buen ejecutivo, es muy ...... Siempre está con nuevos proyectos de trabajo.

4. Los hijos del señor Rius se han quedado muy deprimidos tras su muerte. No sé si podrán … este trauma.

5. Para poder llevar a cabo tu proyecto, lo primero que hay que hacer es …… un buen equipo. Lo que …… es si conseguiremos ponernos de acuerdo.

6. En el juicio al que asistimos ayer, el acusado …… antes de declararse inocente.

7. Siempre que voy al hipermercado veo tantos …… que me desconcierto y no sé cuál comprar.

8. Que Clara, a pesar de tener tanta gente en contra, defendiera sus opiniones, me pareció una postura muy ……

9. Una vez enteradas las familias, su divorcio será …… Lo cierto es que ellos dos no tienen nada en ……

10. Por una vez que algo te haya salido mal, no te quejes. ¡Dichoso tú que te pasas la vida …… triunfos!

11. No es que le guste trabajar, es que tiene una auténtica …… por su …… Para mi gusto es excesivamente ……

12. Su …… social no les permite codearse con la crema y la nata de la ciudad.

13. Es un desagradecido y un …… Le haces un favor y luego, si te he visto no me acuerdo.

14. Si a mí me dijeran que tengo una enfermedad incurable, creo que lo …… muy mal.

15. Ignacio me pidió que le guardase el ……, suponiendo que yo le sería …… Por tanto no voy a explicarte lo que me dijo.

16. Desde muy niño …… porque se quedó huérfano y tuvo que apañárselas solo.

17. No le des más caramelos que lo malacostumbrarás. No te puedes imaginar lo difícil que es …… bien a los niños.

18. ¿Qué prefieres ir a tomar una copa, ir al cine o …… cosas?

19. Por …… que parezca, yo no me canso haciendo este tipo de actividad.

20. Me da pena que Agustín esté tan …… al qué dirán. Si actuara espontáneamente, sería más agradable y fácil de tratar.

21. Voy un momento a la farmacia a comprar un …… de jarabe para el niño. Enseguida vuelvo.

22. Todo nuestro esfuerzo será …… si no conseguimos una subvención estatal.

23. Nos extrañó que comentaras que te habías sentido incómoda en la reunión. Nosotros no …… ningún dato que así lo indicara.

24. Proponed a Jacinto para este trabajo. Es muy …… y no parará hasta conseguir un resultado satisfactorio.

25. Su …… de parte implicada en el asunto le impide analizarlo objetivamente.

IX.1.2.

COMPLETE LAS FRASES SIGUIENTES CON PREPOSICIONES:

1. La explicación …… que era mejor esperar más tiempo antes de dar publicidad al asunto no convenció a nadie.

2. Acababa ...... empezar la película cuando se fue la luz.
3. Antonia siempre se está quejando, y eso que tiene todo ...... ser feliz.
4. Al principio Manuel trabajó con otro abogado, pero ...... el cabo de un tiempo montó un despacho para él solo.
5. Me gusta cocinar pero no me gusta hacer la comida ...... cada día.
6. Fernando se bebe los vasos de ginebra ...... un golpe. Debe tener el hígado hecho polvo.
7. Este mal genio que tengo me viene ...... familia.
8. Cuando eres famoso estás expuesto ...... perder tu intimidad.
9. Durante mucho tiempo estuvo dudando entre irse fuera o quedarse en Barcelona. Terminó ...... ir con unos amigos a Hungría.
10. Eduardo se entretuvo más de la cuenta ...... ordenar las fotos y llegó tarde a la cita.
11. Yo que tú compraría ese coche, ... caro que fuera.
12. Durante el parto, Angel estaba más ansioso ...... saber si todo iba bien que ...... saber si era niño o niña.
13. Es inútil que me compre una agenda porque tengo la mala costumbre ...... no apuntar nada en ella.
14. Javier nos comentó que había una teoría ...... la cual el tabaco es la principal causa del cáncer de pulmón.
15. Es natural que las mujeres se hayan hartado de estar sometidas ...... sus maridos y que reivindiquen su condición ...... seres libres.

IX.1.3.

COMPLETE LAS SIGUIENTES FRASES CON **SER** O **ESTAR**, SEGUN CONVENGA:

1. Por su cargo, ... sometido a continuas presiones económicas.
2. No te niego que ...... muy laborioso hacer este punto, pero, por poco tenaz que ......, te entretendrás mucho.
3. No creo que la existencia de la publicidad ...... irremediable; tal vez, en el futuro, se encuentren otras fórmulas.
4. No has parado de trabajar en toda la tarde. ¡Qué laborioso ...... hoy!
5. Esta raza de perros les dará muy buen resultado porque ...... muy leal.
6. Supongo que a vosotros también os extraña que Enrique ...... tan poco emprendedor últimamente. ¡Con lo tenaz que él ......!
7. ...... tan ansioso por saber la decisión del jurado que no pudo esperar al día siguiente y llamó a uno de los componentes a medianoche.
8. ...... muy ingrato que no reconozcan el mérito de lo que has hecho.
9. El libro de poemas de Eduardo ...... digno de obtener el primer premio.
10. Se busca joven de buena presencia, que ...... emprendedor, de edad comprendida entre los veinticinco y treinta y cinco años.

IX.1.4.

COMPLETE LAS FRASES SIGUIENTES CON LAS PARTICULAS DE LA LISTA:

mientras que   al cabo de
tal como   después de (que)
no obstante   ni
ni siquiera   apenas
o bien   mientras

1. Trataremos de vernos ...... pasen estos días de vacaciones.
2. Por lo visto en Galicia no llovió ni un día, ... aquí diluviaba.
3. No sólo no nos han contestado a nuestra carta sino que ...... han llamado para tranquilizarnos.
4. No sé qué pasó, pero hice el pastel ...... tú me habías dicho y no me salió bien.
5. No me confesó por qué quería hablar conmigo hasta ...... un rato de haber empezado a cenar.
6. Les mandamos un buen regalo para su aniversario de boda y ...... nos han dado las gracias.
7. ...... la mujer no tome conciencia de su verdadera condición, los hombres se aprovecharán de su situación favorable.
8. ...... aprovechamos este rato o seguimos mañana por la mañana.
9. ...... tuvimos tiempo de charlar pero nos causó muy buena impresión.
10. Los ánimos parecen más calmados. Habrá que ver, ..., qué pasa en los próximos días.

IX.1.5.

TRANSFORME LEXICA Y SINTACTICAMENTE LOS SIGUIENTES PARRAFOS,
CONSERVANDO, EN LA MEDIDA DE LO POSIBLE, LA INFORMACION PROPUESTA:

1. «La explicación de que las mujeres sometidas a su condición actual de amas de casa terminen por suicidarse a las seis de la tarde no es tan misteriosa como podría parecer. Ellas, que en otros tiempos fueron bellas, se habían casado con hombres emprendedores y capaces que apenas empezaban su carrera.»

2. «A esa hora, o bien se conseguían un amante de aquellos que ni siquiera tienen tiempo de quitarse los zapatos, o se tomaban de un golpe todo el frasco de somníferos. Muchas, las que habían sido más dignas, hacían ambas cosas.»

IX.1.6.

ESCRIBA UN DIALOGO ENTRE UNA MUJER DESCONOCIDA QUE LLAMA A MEDIA TARDE A UNA AMIGA SUYA PARA COMENTARLE SU INSATISFACCION Y LA CRISIS MATRIMONIAL QUE ATRAVIESA (Use, entre otras, las palabras y expresiones de la lista):

a veces	empeñar(se)
actual	lo mejor de
muchos años después	mientras que
un perfecto esposo	tal como
tener todo para	obsesivo
vagar	amante
suicidarse	lograr
dificultades	misterioso

IX.1.7.

ESCRIBA UN ARTICULO SOBRE LAS COSTUMBRES DE LAS AMAS DE CASA DE SU PAIS, VALORANDO SU SITUACION (Utilice palabras y expresiones de las ya estudiadas):

IX.1.8.

COMPLETE EL SIGUIENTE DIALOGO ENTRE USTED, QUE TIENE PRISA Y UN MONTON DE COSAS QUE HACER, Y UNA AMIGA SUYA DISPUESTA A INICIAR UNA CONVERSACION TELEFONICA INTERMINABLE, SIGUIENDO LAS INSTRUCCIONES ENTRE PARENTESIS:

USTED: ...... (DESCUELGA EL TELÉFONO).
ELISA: Hola, soy Elisa. ¿Cómo te va?
USTED: ...... (CONTESTA Y SE INTERESA POR ELLA).
ELISA: Ay chica, no me hables. Estoy más aburrida que una ostra. Nada me distrae, me paso el día sola; cuando llega Felipe no sé qué explicarle...
USTED: ...... (INTENTA ANIMARLA Y LE SUGIERE UNA SERIE DE ACTIVIDADES QUE PODRÍAN DISTRAERLA).
ELISA: Es que no me intereso por nada. Ya he intentado varias veces hacer algún cursillo de cocina o de jardinería y acabo por no ir. Mira lo que me pasa es que...
USTED: ...... (TRATA DE DECIRLE QUE SE INTERESE POR COSAS NO RELACIONADAS CON LA CASA. HÁGALE PROPUESTAS CONCRETAS).
ELISA: A ti te resulta fácil todo esto porque ya estás metida, pero a mí me horroriza cambiar; me da miedo. Además Felipe no vería bien que, a estas alturas, cambiara tanto.

USTED: ...... (ARGUMENTA QUE LO PRIMERO QUE DEBE HACER ES PENSAR EN ELLA MISMA. CRITICA A FELIPE POR TENERLA SOMETIDA A ÉL).

ELISA: Es que Felipe está muy mal acostumbrado; yo siempre le he estado ayudando, a él y a los niños, mientras que nadie me ha echado una mano a mí.

USTED: ...... (LE SABE MAL CORTARLA PERO SE LE HACE TARDE. EXCÚSESE. INTENTE QUEDAR PARA OTRO MOMENTO).

ELISA: Tú siempre tan ocupada. No sabes la envidia que me das. Yo aquí, tragándome horribles programas de televisión y revistas insulsas. Siempre pasa igual: no puedo hablar con nadie.

USTED: ...... (SE SIENTE CULPABLE POR NO PODERLE HACER CASO. INTENTE CONSOLARLA, ANIMARLA. DELE ARGUMENTOS QUE LA AYUDEN A SOBRELLEVAR SU SITUACIÓN).

ELISA: Ya hablaremos en otro momento. Puedo esperar. Estoy acostumbrada a no poder explicar a nadie lo que me pasa.

USTED: ...... (ACONSÉJELE QUE HABLE CON FELIPE PARA QUE CAMBIE Y LE HAGA MÁS CASO. PROPÓNGALE QUE TENGA UNA AVENTURITA CON ALGÚN AMANTE).

ELISA: Tú estás loca. A mis años, un amante... ¿No ves que ya me ha pasado la época de hacer esas cosas? Además, yo soy muy leal a Felipe.

USTED: ...... (BUSQUE ALGÚN ARGUMENTO PARA DEJARLA MÁS TRANQUILA Y DESPÍDASE).

IX.2.

COMPLETE EL SIGUIENTE TEXTO CON LOS TIEMPOS Y MODOS ADECUADOS (EL TEXTO ESTA EN PASADO):

Tenía la tarde libre. Su equipaje —un maletín— lo (DEJAR)...(1) en un café antes de echarse a buscar la casa de Juan. Ahora (DEBER)...(2) cuidarse del alojamiento. (INTENTAR)...(3) en vano recordar nombres de hoteles decentes: sólo alguno de mucho lujo se le (VENIR)...(4) a las mientes.

(METERSE)...(5) en un café de la Puerta del Sol, (PEDIR)...(6) una copa de coñac. El café (EMPEZAR)...(7) a vaciarse, y el camarero (MOSTRARSE)...(8) locuaz. Le (MANDAR)...(9) a un hotel de la calle de Echegaray.

(QUEDAR)...(10) cerca. (VENIR)...(11) un viento frío, afilado. (SUBIRSE)...(12) el cuello de la gabardina.

(PEDIR)...(13) en el hotel tres habitaciones: una para ocupar inmediatamente y dos reservadas para dos viajeros que (LLEGAR)...(14) de París al día siguiente, en el tren de la mañana. Un padre y una hija.

(ENTREGAR)...(15) dos mil pesetas en billetes y un cheque por quince mil. (RELLENAR)...(16) un papel para la policía, le (FIRMAR)...(17) un recibo.

—Cuando usted (VOLVER)...(18), doctor, tendrá la habitación arreglada y (PODER)...(19) ver las otras dos por si no (SER)...(20) de su gusto.

(EMPEZAR)...(21) a vagar por las calles. (SENTIR)...(22) frío, (ENTRAR)...(23) en un almacén y (COMPRAR)...(24) un abrigo gris y una bufanda. (DECIR)...(25) que le (MANDAR)...(26) al hotel la gabardina y (DAR)...(27) su nombre y dirección. Después (SEGUIR)...(28) callejeando.

Hacia las seis (RECOGER)…(29) el maletín y (REGRESAR)…(30) al hotel. Le (DAR)…(31) una habitación grande, con balcones a la calle. Una cama enorme, muebles de caoba, espejos y alfombras gruesas. La de Germaine (SER)…(32) más pequeña y lujosa.

(LAVARSE)…(33) y (AFEITARSE)…(34), (CAMBIARSE)…(35) la camisa y (VOLVER)…(36) a salir. (SER)…(37) cerca de las siete. (TOMAR)…(38) un taxi y (DAR)…(39) la dirección de Juan: Altamirano, 33. Al (ATRAVESAR)…(40) la Gran Vía el taxi (ESTAR)…(41) detenido unos minutos: unos estudiantes (PELEAR)…(42) con los Guardias de Asalto. (HABER)…(43) gritos y carreras.

En un taxi vecino un señor grueso (DISCUTIR)…(44) con el taxista y (ASEGURAR)…(45) vociferando que a los estudiantes (HABER)…(46) que meterlos en cintura, y que él (SABER)…(47) como hacerlo, y que lo (HACER)…(48) si le (DEJAR)…(49) gobernar.

G. TORRENTE BALLESTER, **La Pascua triste**
(Texto adaptado)

IX.3.

SUSTITUYA LO SUBRAYADO POR **SER** O **ESTAR**, SEGUN CONVENGA, HACIENDO LAS TRANSFORMACIONES NECESARIAS:

1. Joaquín **residió** un tiempo en Madrid, pero actualmente **vive** en Barcelona.
2. Los cuadros que tenemos **proceden** de una herencia.
3. **Se sabe** que Fernando **cuenta con el apoyo de** todos los que trabajan con él.
4. La carrera ciclista **se realizará** en el parque del Retiro.
5. Desde ayer **andan** diciendo que subirá el dólar.
6. Susi ya **se ha preparado** para salir.
7. La mayor cualidad de Fernando Fonseca **radica en** su capacidad para analizar el comportamiento de la gente.
8. Hacer este guiso no **tiene ninguna dificultad.**
9. Esperadme. **Acabo** en un momento.
10. **Ibamos a** dar una vuelta en bicicleta cuando ha empezado a llover.
11. **Me opongo a** que se realice esta votación. No hay representación suficiente.
12. Ayer, en mi casa, **había** una veintena de personas.
13. Se ignora el lugar en el que **se encuentra** el industrial secuestrado.
14. **Llevan** diez minutos en silencio.
15. Estas zapatillas **están hechas con** piel de cordero.

IX.4.

TRANSFORME LAS SIGUIENTES FRASES PASIVAS EN ACTIVAS, SEGUN EL MODELO:

> **Modelo:** Este candidato será apoyado por muchos sectores.
> ⟶ A este candidato **lo** apoyarán muchos sectores.

1. La manifestación fue disuelta por la fuerza pública y varios estudiantes fueron detenidos.
2. Un nuevo tratamiento para combatir el cáncer ha sido descubierto por dos médicos de un pequeño hospital.
3. Su intervención fue atentamente escuchada por el público.
4. El interior de esta tienda ha sido diseñado por un decorador muy conocido.
5. Tres jugadores de la Selección Española fueron amonestados por el árbitro.
6. Todos los socios serán invitados a la inauguración del local.
7. El divorcio ha sido legalizado recientemente.
8. El embajador peruano fue recibido por el ministro de Asuntos Exteriores.
9. Este poeta fue homenajeado por sus paisanos.
10. Marisa y María José fueron premiadas por sus colaboraciones en la revista de la Universidad.
11. La enfermedad de José fue diagnosticada como benigna por los médicos que lo trataban.
12. Las personas afectadas por la infección han sido recibidas por el alcalde de la localidad.

IX.5.1.

Describa la situación lo más detalladamente posible, usando, entre otras, palabras o expresiones de la lista:

recado
quebrar
estar abatido
estar dispuesto a (que)
hacer un ingreso/reintegro
talonario
cuenta corriente

ir al otro barrio
estar atónito
estar desesperado
quedarse con la boca abierta
decisión irrevocable
como si tal cosa
apoyarse

IX.5.2.

Escriba, como si usted fuera el personaje, una pequeña nota a su mujer, despidiéndose.

IX.5.3.

Dé alguna orden más a la secretaria. (Elabore varias posibilidades).

IX.5.4.

COMPLETE EL SIGUIENTE DIALOGO ENTRE USTED Y UN EMPLEADO DEL BANCO:

USTED: ...... (QUIERE SACAR DINERO DE SU CUENTA CORRIENTE: PRECISE LA CANTIDAD).
EMPLEADO: Debe rellenar usted mismo uno de sus cheques.
USTED: ...... (PREGUNTA COMO DEBE RELLENARLO: NOMINATIVO O AL PORTADOR).
EMPLEADO: Normalmente, si usted es el titular de la cuenta, se hace al portador, sin barrarlo.

USTED: ...... (Entrega el cheque y el Documento Nacional de Identidad).

EMPLEADO: Gracias. Espere un momento... Pero, oiga, la firma del carné no coincide con la del cheque.

USTED: ...... (Explica el por qué de la diferencia y que nunca antes ha tenido problemas para sacar su dinero).

EMPLEADO: Lo siento, señor, pero no estamos autorizados a hacer efectiva una cantidad sin comprobar la firma. Además aquí no tenemos registrada su firma.

USTED: ...... (Algo cansado, exige que llamen a la oficina donde tiene registrada la firma para comprobar la autenticidad. Protesta por el mal servicio).

EMPLEADO: Comprenderá, señor, que por teléfono no puedo comprobar la firma. Yo cumplo órdenes.

USTED: ...... (Reivindica la propiedad de su dinero. Protesta porque cree que lo están acusando. Exige ver al director).

EMPLEADO: Bueno, bueno, cálmese. Trataré de resolver este asunto hablando con el director.

(...)

EMPLEADO: Mire, firme este papel y déjeme un momento su carné.

USTED: ...... (Le pide que vaya rápido porque tiene muchas cosas que hacer).

EMPLEADO: La computadora indica que en su cuenta no hay fondos.

USTED: ...... (Se sorprende de eso. Indica que se han debido confundir).

EMPLEADO: No hay error posible. Las computadoras nunca se equivocan. Siento decirle que el que debe estar equivocado es usted.

USTED: ...... (Considera inadmisible tal afirmación. Pide el estracto detallado de su cuenta. Amenaza con cambiar de banco).

IX.5.5.

COMPLETE EL SIGUIENTE PARRAFO CON LOS TIEMPOS Y MODOS ADECUADOS:

Si el digno empresario que (ESTAR) ...... a punto de suicidarse no (TENER) ...... ninguna amante que (LLAMARSE) ...... Bibí, no (DEBER) ...... una importante factura a la peletería. Si no (DEBER) ...... una factura a la peletería no (TENER) ...... que engañarlos diciendo que (SALIR, él) ...... a retirar dinero del Banco. Si (PODER, él) ...... retirar dinero, no les (DECIR) ...... a los del Banco que (IR) ...... con el contable. Si realmente (SALIR) ...... con el contable a cubrir ese cheque sin fondos, no le (MENTIR) ...... al decirle que (TENER) ...... una imprevista reunión de dirección. Si (ASISTIR) ...... de verdad a una reunión, a sus socios no los (ENGAÑAR) ...... diciéndoles que (HACER) ...... un recado de su mujer. Si su mujer (ESTAR) ...... enterada de que su marido (HACER) ...... el encargo que le (PEDIR) ......, no lo (TELEFONEAR) ...... a esa hora. Si la situación del pobre señor (SER) ...... diferente, seguro que no (SUICIDARSE) ...... y le (EVITAR) ...... un buen susto a su fiel secretaria.

IX.6.

> **Modelo:** Pedro y María son dos niños encantadores, de modo que nos lo pasamos muy bien con ellos.
> ———→ **Como** Pedro y María son dos niños encantadores, nos lo pasamos muy bien con ellos.
> Nos lo pasamos muy bien con Pedro y María **por** ser dos niños encantadores.
> Nos lo pasamos muy bien con Pedro y María **ya que** son dos niños encantadores.

1. Me dijo que si no estaba de acuerdo, se lo planteara; conque fui a verle y se lo expuse.
2. El doctor le ha dicho que tiene una úlcera de estómago, por consiguiente no puede tomar ciertos alimentos.
3. Estoy harta de oír tantas tonterías y, por tanto, me largo.
4. La protagonista de la película cayó enferma, por lo que se hubo de retrasar el rodaje.
5. Lo pasamos tan bien charlando que nos dieron las tres sin darnos cuenta.
6. La gente aplaudía tanto que apenas se oía al cantante.
7. En el banco no querían darme el saldo de mi cuenta porque no llevaba el carné, conque exigí ver al director y le canté las cuarenta.
8. La discusión que tuvieron fue tal que desde hace dos meses no se hablan.
9. Las causas que mueven a Antonio a pedirnos nuestra colaboración no están nada claras, de modo que actuemos con prudencia.
10. Gregorio está tan desmoralizado a causa de sus problemas laborales que apenas sale de casa.

IX.7.

OIRA DOS VECES LA RESPUESTA A UNA PREGUNTA QUE USTED DEBE ELABORAR LO MAS EXPLICITAMENTE POSIBLE (El ejercicio consta de cinco respuestas):

IX.8.

TRANSFORME LAS SIGUIENTES FRASES USANDO **AUNQUE, A PESAR DE (QUE), AUN, POR... QUE:**

> **Modelo:** Nos lo ha explicado así, pero me parece que no es cierto.
> ──→ **Aunque** nos lo haya explicado así, me parece que no es cierto.

1. El médico se niega a dejarme salir, pero yo voy a ir a esa fiesta.
2. No tiene posibilidades de conseguir ese empleo, pero va a presentarse al examen de selección.
3. Eduardo dice que no ve claro lo de la compra del piso; sin embargo, firmará el contrato.
4. El periódico de ayer anunciaba una película excelente para hoy, pero me parece que la han cambiado.
5. Belén no sabe si podrá ir a vivir a Valencia el próximo año, pero está dispuesta a intentarlo.
6. Les hemos advertido varias veces para que hablen más bajo, pero ellos siguen gritando.
7. No es ésta la canción que te he pedido que pusieras, pero tú has puesto la que tú querías.
8. Puedes llamar otra vez a María, pero no creo que la convenzas para venir con nosotros.
9. En el noticiario han asegurado que han cesado las hostilidades, sin embargo habrá que esperar a que lo confirme la prensa de mañana.
10. Ya sabes que Juliana es muy terca, pero puedes tratar de que cambie de opinión.
11. Según fuentes oficiosas, habrá un cambio ministerial; sin embargo, las agencias oficiales lo han desmentido.
12. Enrique quería recorrer el norte de Italia en moto, pero, una vez allí, ha optado por quedarse en Florencia.

IX.9.

ESCUCHE ATENTAMENTE EL TEXTO Y DESPUES RECONSTRUYALO CON LAS PALABRAS QUE FALTAN:

Hay un lugar en .... España adonde no llegaron nunca ...... los romanos ...... los moros; y sí doña Berta de Rondaliego, propietaria de este ...... verde y silencioso, ... algo .... historia, juraría que ...... Agripa, ... Augusto, ... Muza, ... Tarik habían ...... la osada planta sobre el suelo, mullido siempre con ...., jugosa, oscura, aterciopelada y ......, de aquel rincón ......, todo suyo, ..., como ella, a los ...... del mundo, ... en verdura espesa de árboles infinitos y de lozanos ......, como ella ...... está en franela amarilla, ... sus achaques.

L. ALAS («CLARÍN»), **Doña Berta y otros relatos**
(Texto adaptado)

220

IX.10.

COMPARE LAS FRASES DE CADA GRUPO, SEÑALANDO LAS DIFERENCIAS ENTRE ELLAS.
PARA ELLO IMAGINE SITUACIONES EN LAS QUE PODRIAN SER PRONUNCIADAS
Y TRANSFORME LAS FRASES DE FORMA QUE ILUSTREN DICHAS SITUACIONES:

1. a) ¡Ve por el talonario!
   b) ¡Ve con el talonario!
   c) ¡Ve tras el talonario!

2. a) Se metió con él.
   b) Se metió en él.
   c) Se metió sin él.

3. a) Se enteró con María
   b) Se enteró por María.
   c) Se enteró hasta María.

4. a) Informa bajo condiciones.
   b) Informa sin condiciones.
   c) Informa de condiciones.

5. a) Lo consiguieron entre varios.
   b) Lo consiguieron para varios.
   c) Lo consiguieron de varios.

IX.11.　⊙⊙

SEÑALE CON UNA CRUZ LA PALABRA QUE HA SIDO LEIDA:

1. a) moró
   b) morro
   c) moro

2. a) loma
   b) Roma

3. a) rama
   b) llama
   c) lama

4. a) líquido
   b) liquidó
   c) liquido

5. a) senior
   b) señor

6. a) tejo
   b) dejo
   c) dejó

221

7. a) es tupido
   b) estúpido

8. a) dudó
   b) duró
   c) duro
   d) dudo

9. a) piso
   b) viso
   c) pisó

10. a) bazar
    b) pasar
    c) basar

11. a) cepo
    b) sebo
    c) sebó
    d) cebo

12. a) pela
    b) bella
    c) vela

13. a) forro
    b) forró
    c) foro

14. a) capa
    b) cava

15. a) ultimo
    b) último
    c) ultimó

16. a) base
    b) pase
    c) pace

17. a) es
    b) hez

18. a) paja
    b) baja

19. a) sabana
    b) sábana

20. a) helado
    b) errado

IX.12.

TRANSCRIBA EL SIGUIENTE TEXTO UTILIZANDO ESTILO INDIRECTO:

> **Ejemplo:** El señor le preguntó al joven si iba a la oficina y el joven le respondió...

Joven: Buenos días.
Señor: Buenos días. ¿A la oficina?
Joven: Sí, señor. ¿Usted también?
Señor: Lo mismo. ¿Y esos asuntos?
Joven: Bastante bien. Saco casi otro sueldo. No me puedo quejar. ¿Y usted?
Señor: Marchando. Sólo necesitaría que algunos de estos vecinos se mudasen, para ocupar un exterior. Después de desinfectarlo y pintarlo, podría recibir gente.
Joven: Sí, señor. Lo mismo queremos nosotros.

Señor: Además, que no hay derecho a pagar tantísimo por un interior, mientras ellos tienen los exteriores casi de balde.

Joven: Como son vecinos tan antiguos...

Señor: Pues no hay derecho. ¿Es que mi dinero vale menos que el de ellos?

Joven: Además, que son unos indeseables.

Señor: No me hable. Si no fuera por ellos... Porque la casa, aunque muy vieja, no está mal.

A. BUERO VALLEJO, **Historia de una escalera**
(Texto adaptado)

IX.13.

COMPLETE EL SIGUIENTE TEXTO CON ARTICULOS DETERMINADOS, INDETERMINADOS O Ø SEGUN CONVENGA:

(1)... calles que tienen que estar pobladas de (2)... seres cuyas (3)... actitudes, al menos, parezcan burgueses, aunque no lo sean.

(4)... actitud de (5)... gente en (6)... calle debe ser (7)... de guardar (8)... formas; en (9)... mujeres (10)... recato, (11)... gestos lentos y moderados. Hay que saber mantener (12)... figura, aparentar. Se rechaza (13)... presencia de (14)... gente con (15)... mal aspecto; (16)... pobres serán (17)... pobres, pero «(18)... honrados y dignos». Se prohíbe correr; si se ve a (19)... alguien corriendo, se puede gritar «al ladrón». Se prohíbe saltar atropelladamente, reír a (20)... grandes carcajadas, cantar, gritar desaforadamente. Se prohíbe tumbarse, se prohíbe a (21)... adultos jugar en (22)... calle. (23)... adulto es (24)... ser que debería ir vestido de (25)... oscuro, convenientemente enchaquetado y encorbatado, y que en (26)... calle va andando a (27)... paso normal, pero ni corre ni salta. Tampoco puede estar parado en (28)... grupos, «circulen, por favor». O (29)... adulto anda o está sentado dignamente. (30)... modelo de comportamiento sería (31)... de (32)... adulto padre de (33)... familia que pulcramente vestido sale de (34)... misa, endomingado.

M. GAVIRIA, **Parecer burgés aunque no se sea**
(Texto adaptado)

IX.14.

A PARTIR DE LAS FRASES SIMPLES PROPUESTAS CONSTRUYA UNA SOLA FRASE COMPUESTA, REALIZANDO LAS TRANSFORMACIONES NECESARIAS Y AÑADIENDO PARTICULAS SUBORDINANTES (Explote varias posibilidades para cada grupo de frases):

1.
> El otro día vi a Esteban.
> Ese día le conté algo.
> El no lo sabía.
> Le sorprendió.
> Lo sospechaba.

2.

> Debemos llamar a Julio.
> Marta y Pablo lo esperan a las ocho.
> El no lo sabe.
> Debe ir.
> Tienen noticias importantes para él.
> El espera esas noticias desde hace tiempo.

3.

> No compartes mi opinión.
> No estás en contra
> Me tienes manía
> Lo comprendo.
> Lo siento.

IX.15.

1. La explicación ...... que Paco resulte tan atractivo reside en su gran humanismo y elegancia.

   a) con
   b) según
   c) de
   d) en

2. Comprendo perfectamente que, el otro día, te ...... con ellos. Es evidente que querían burlarse de ti.

   a) hayas enfadado
   b) enfadaste
   c) enfadabas
   d) enfadaras

3. Si me ...... caso, no te habrías roto el brazo.

   a) habías hecho
   b) hubieras hecho
   c) habrías hecho
   d) hayas hecho

4. ...... no cumpla lo prometido, me va a oír.

   a) si
   b) mientras
   c) porque
   d) como

5. ...... operación de riñón que le han hecho ha sido un verdadero éxito.

   a) la
   b) el
   c) alguna
   d) Ø

6. No entiendo cómo aguanta a ese tipo. Se pasa el día metiéndose ...... ella.

   a) en
   b) con
   c) de
   d) por

7. Pues los Martín sintieron mucho que no ...... ir a la boda de su hijo. Les hacía mucha ilusión veros.

   a) ibais
   b) iríais
   c) fuerais
   d) iréis

8. ...... esté teniendo un gran éxito de taquilla, a mí me parece que es una película mediocre.

   a) a pesar de
   b) que
   c) no porque
   d) aunque

9. Si yo ...... que estar a las seis en el aeropuerto, vosotros habréis de ir a por los niños al parvulario.

   a) tenga
   b) tengo
   c) tendría
   d) tendré

10. Me aseguró que se ...... de la correspondencia los días que yo faltara y no ha pegado ni golpe.

   a) ocupaba
   b) ocupará
   c) ocupara
   d) ocuparía

11. ...... un tiempo de vivir en Pamplona, María Jesús le encontró gusto al ambiente de la ciudad.

    a) al fin de
    b) después
    c) al cabo de
    d) al final de

12. Tú lo conoces a fondo, ... yo apenas lo habré visto un par de veces.

    a) pues
    b) sino
    c) mientras que
    d) a cambio

13. ...... a punto de dar las doce. Prepara las uvas.

    a) es
    b) están
    c) son
    d) está

14. El informe, ... el cual la cooperativa va a irse a pique, carece de fundamento.

    a) de
    b) según
    c) con
    d) por

15. Pasé un miedo horrible. El metro ...... detenido unos minutos en medio de un túnel.

    a) estuvo
    b) estaba
    c) había estado

16. Aquella época la he borrado totalmente de mi memoria. ...... recuerdo por qué hice ese viaje a Bilbao.

    a) ni sólo
    b) siquiera
    c) sólo
    d) ni siquiera

17. Si tuviera que escoger una raza de perros, me quedaría con los pastores belgas. ...... muy leales.

    a) son
    b) están

18. Como su cuñado está de portero en una discoteca, siempre que le apetece entra ......

    a) a granel
    b) de balde
    c) de gratis
    d) de fiado

19. De que te hayan exigido que cumplas tu horario, no te puedes ......

    a) protestar
    b) quejar
    c) reclamar
    d) reñir

20. En esta clínica no se permite fumar ...... ningún concepto.

    a) desde
    b) bajo
    c) para
    d) ante

21. Enfadadísimo, el catedrático les rogó que lo ......

    a) escucharan
    b) escucharán
    c) escuchaban
    d) escucharían

22. Para convencerlos, te interesa darles ...... apariencia de ...... persona formal.

    a) una   a) una
    b) alguna   b) la
    c) Ø   c) Ø

23. Cuando Rita Argilaga ...... una plaza en un hospital de la Seguridad Social, será una doctora de primera.

    a) obtendrá
    b) obtendría
    c) obtuviera
    d) obtenga

24. Sobre todo, haz esta carta a máquina ...... te lo han indicado, si no, te la harán repetir.

    a) de modo que
    b) tal como
    c) igual como
    d) de manera que

25. Aun ...... en una situación límite, los corresponsales han descartado el peligro de una intervención armada.

   a) estar
   b) estando
   c) estado
   d) está

26. No sé por qué razón el dependiente se empeñó ...... que me quedara una horrible corbata estampada.

   a) a
   b) en
   c) de
   d) para

27. Guardaban tan mal sus secretos que se enteraba ...... la señora de la limpieza.

   a) en
   b) hasta
   c) desde
   d) por

28. Ve ...... mi paraguas si no te importa. Lo he olvidado en el ascensor.

   a) tras
   b) a por
   c) con
   d) para

29. Por ridículo que te ......, en la última escena me eché a llorar.

   a) parece
   b) parecerá
   c) parecía
   d) parezca

30. Me comentó que le había sabido mal que ...... a Carmen del grupo.

   a) excluías
   b) habías excluido
   c) excluyeras
   d) habrías excluido

CICLO X

X.1.

En el año 1559, cuando en tierras de Perú se pregonaba la expedición de Ursúa al Dorado, algunos se preguntaban quién era Ursúa para haber logrado del rey que le concediese aquella empresa.

Era Ursúa un capitán nacido en 1525 en Arizcun (Navarra), en el llamado valle de Baztán y no lejos de Pamplona. Tenía una alta idea de sí mismo que trataba de hacer compartir a los otros. Algunos lo odiaban por la persistencia que ponía en aquella tarea. De talla algo más que mediana, bien portado, un poco adusto y altivo, tuvo dificultades en aquellos territorios de Indias. Cerca de Quito, en la provincia de los indios llamados *chitareros*, descubrió una mina de oro. Más tarde, en tierras de la actual Colombia, fundó Pamplona y Tudela, redujo a los indios *musos* y despertó tales envidias en otros capitanes que una noche, por instigación de su enemigo Montalvo de Lugo, le quemaron la casa y tuvo que saltar desnudo por una ventana.

Era, pues, uno de esos hombres de presencia provocadora que suscitan antagonismos.

Afrontaba Ursúa las dificultades con valentía y arrogancia, pero no siempre sabía salir de ellas. Viéndose un día en un mal trance que podía determinar su ruina, acudió al virrey marqués de Cañete, quien, para probarlo le encargó la reducción de los negros sublevados en Panamá. Estos eran muchos y fuertes, y habían llegado a constituir una amenaza grave. Con fuerzas inferiores los venció y apresó al rey negro Bayamo, a quien llevó a Lima detenido. Entonces fue cuando el virrey comprendió que Ursúa era alguien y le dio la empresa del Dorado. Sus enemigos callaron por el momento.

En plena juventud —no tendría más de treinta y cinco años— había Ursúa fundado ciudades, conquistado naciones indias y últimamente sometido a los negros cimarrones. Era un buen capitán con un futuro delante y su estrella relucía.

Los que lo trataban de cerca lo acusaban sólo de tener una idea excesiva de sí mismo. «Se cree de origen divino», decía algún oficial envidioso. Y el padre Enao, su amigo, respondía: «¿Por qué no? Todos los hombres lo somos».

Comenzó Ursúa a concentrar a su gente en la provincia de los Motilones, en Santa Cruz, al norte del Perú, tierra áspera y montañosa. Al principio acudieron a su llamada gentes de todas clases, entre ellos sujetos de mala fama, perseguidos y verdaderos delincuentes, porque el virrey marqués de Cañete había ofrecido amnistía a los que se alistaran. Para compensar aquello Ursúa quiso atraer a algunos capitanes hidalgos y escribió a Don Martín de Guzmán, ofreciéndole el puesto de jefe de operaciones militares. Le decía entre otras cosas: «Le ruego que de su parte y la mía suplique a todos los caballeros que conozca y estén sin empleo o con empleo inferior a sus merecimientos que vengan a esta jornada, que en buena camaradería iremos todos y sea nuestra fortuna próspera o adversa trataré de servirlos aquí y de informar de sus méritos en Castilla delante del rey».

R. J. SENDER, **La aventura equinoccial de Lope de Aguirre**
(Texto adaptado)

X.1.1.

COMPLETE LAS SIGUIENTES FRASES CON LAS PALABRAS O EXPRESIONES DE LA LISTA:

conceder	nacido en	empresa
llamado	valle	sí mismo
pregonar	tratar de	compartir
odiar	tarea	talla
mediana	algo	territorio
tener dificultades	descubrir	mina
actual	fundar	tales
envidia	provocador	suscitar
antagonismos	trance	ruina
afrontar	acudir	encargar

1. He sabido por una revista literaria que a Manuel le ...... un premio por una de las traducciones que ha hecho.
2. Por fin, algunos historiadores ...... dar una visión objetiva de la conquista de América.
3. En la manifestación del viernes no hubo incidentes, salvo los protagonizados por un grupo de ...... que ...... un cierto nerviosismo entre los participantes.

4. Rodolfo adopta ...... aires de superioridad que tratarlo resulta desagradabilísimo. No es consciente de que se desacredita a ....

5. Alicia, ... un pequeño pueblecito del ...... de Hecho, se trasladó a vivir a Barcelona recién acabada la guerra.

6. Catalina es una mujer muy entera: siempre ...... pero las ha sabido ...... con dignidad y optimismo.

7. Paseando tranquilamente por Menorca, Juan ...... unas monedas antiguas de mucho valor, por lo que, al enterarse, muchos arqueólogos ...... a la isla.

8. Los de Guzmán se han pasado la vida derrochando y ahora están en la ....

9. A Carlos, a José y a Toni les ...... la filmación de un reportaje para la televisión. Es una ...... que les apetece muchísimo realizar.

10. De esta marca de blusas siempre uso la ....

11. No sabemos qué pasó entre ellos, pero la cosa es que han llegado a ...... se.

12. Ese partido se pasa la vida ...... una serie de promesas que después no cumple.

13. ¿Por qué se te ha metido en la cabeza que te tiene ......? Yo nunca lo he notado.

14. Su padre murió trabajando en una ...... cuando él era aún muy pequeño.

15. En su discurso dijo que en la época ...... la «transición» ya había concluido.

16. Buscamos estudiantes para ...... piso.

17. A simple vista la ...... en la que nos hemos metido no parecía tan difícil.

18. Su padre tiene unos cincuenta años y su madre es ...... mayor.

19. Fue Don Rodrigo quien ...... la asociación y por eso le hacen un homenaje.

20. Una de las principales causas de las dificultades por las que atraviesa esta empresa reside en los ...... entre los principales miembros del Consejo de Administración.

21. No te extrañe verme tan desmejorada porque he pasado por un mal ....

22. El conficto bélico estalló tras la ocupación de una parte del ...... del país vecino.

X.1.2.

COMPLETE LAS SIGUIENTES FRASES CON PREPOSICIONES:

1. Si no se planifica mejor el tráfico de la ciudad, la vida aquí llegará ...... ser insufrible.

2. Con el mal genio que tiene debería tratar ...... controlarse un poco más.

3. Esta costumbre está muy arraigada ...... tierras asturianas.

4. Marta es una mujer ...... gran personalidad y elegancia.

5. Le va a ser difícil, esta vez, salir ...... el aprieto en el que se ha metido.

6. Con muy buenas palabras nos vino a decir que, ... el momento, no podía hacer nada por nosotros.

7. Patxi, nacido ...... Bilbao, pero criado en Cataluña, se considera a sí mismo un vasco de pura cepa.

8. No ha hecho ese comentario ...... mala intención: no es más que una metedura de pata.

9. Aunque acaba de empezar, Belén es una actriz ...... futuro.

10. María Rosa no aparenta tener más ...... cincuenta años.

11. Su familia es ...... origen brasileño, pero él apenas habla portugués.

12. Los beneficios se los repartieron ...... ellos.
13. Jacinto me ha dicho que te diera un beso ...... su parte.
14. Hablamos, ... otras cosas, de lo de Carmen.
15. El equipo directivo efectuará estas reformas ...... o ...... el apoyo de la mayoría.
16. La finca está ...... el norte de Aranjuez.
17. Me llamó tan angustiado que inmediatamente acudí ...... su llamada.
18. Pon mucha atención ...... seguir las instrucciones del folleto.
19. Necesito unas gafas para ver ...... cerca.
20. Como no había escalera de incendios, los inquilinos tuvieron que saltar ...... los balcones.

X.1.3.

COMPLETE LAS SIGUIENTES FRASES CON PALABRAS O EXPRESIONES DE LA LISTA:

amenaza	detener	ser alguien
por el momento	últimamente	en plena juventud
sometido	tratar	acusar
excesivo	concentrar	montañoso
alistarse	amnistía	verdadero
gentes	sujeto	mala fama
perseguir	compensar	aquello
atraer	puesto	méritos
jornada	sublevarse	próspero

1. Antes, con cualquier profesión liberal era relativamente fácil llegar a ....
2. Dicen que el precio del petróleo va a estabilizarse, pero, ..., el ciudadano medio no lo nota.
3. Las oposiciones sirvieron para confirmar en su ...... al personal que tenía más de tres años de antigüedad. No contaron con otros ....
4. Con los vecinos de arriba, desde que tuvimos el problema de las goteras, no nos ....
5. ...... nos vemos más a menudo porque nos coincide el horario de salida.
6. Como es una región muy ......, las carreteras tienen muchísimas curvas.
7. Habló con tanto desparpajo que, durante su intervención, ... la atención.
8. Para lo poco que le han dado, no le ...... trabajar durante el verano.
9. Nos trató con ...... amabilidad para lo poco que lo conocemos, ¿no te parece?
10. ...... que insinuó Ramón me huele a chamusquina.
11. Sara tiene una ...... inmerecida: es majísima.
12. Lo ...... como sospechoso de un atraco y fue ...... a un duro interrogatorio. Al final, no lo ...... por falta de pruebas.
13. Sorprende el primitivo modo de vida de esas ......
14. Tiene un no sé qué de inquietante: no me gusta nada ese ....
15. Emigró a Francia y ...... como voluntario cuando la segunda guerra.

16. La excursión para ver la cueva fue una ...... tomadura de pelo.
17. Lo ideal sería conseguir una ...... de trabajo de seis horas.
18. Recientemente se ha creado una brigada policial destinada a ...... el tráfico de drogas.
19. Feliz Navidad y ...... Año Nuevo.
20. Convendría ...... todos nuestros esfuerzos en terminar esto hoy mismo.
21. En el 75 se llevó a cabo una campaña para exigir la ...... de los presos políticos.
22. La construcción de esta central nuclear supondrá una ...... para los habitantes de las poblaciones cercanas.
23. No terminó los estudios porque la guerra lo pilló ....
24. De momento hace todo lo que quieren sus padres, pero, cuando crezca, seguro que ....

X.1.4.

COMPLETE LAS SIGUIENTES FRASES CON LOS TIEMPOS Y MODOS ADECUADOS:

1. Con tantos remilgos no lograrás que nadie te (HACER) ...... caso.
2. Me pregunto cuándo (SALIR) ...... de este aprieto en el que se han metido.
3. No comprende que los demás (PODER) ...... pensar de una forma diferente a la suya.
4. A pesar de que les suplicó que no lo (DECIR) ...... a nadie, lo anduvieron pregonando a los cuatro vientos.
5. Dad los impresos a los que (QUERER) ...... matricularse en ese cursillo. No sé cuántos deben ser.
6. Ernesto actuó con mucha diplomacia, que (SABER) ...... muy bien lo que hacía.
7. Antes de la votación era cuando (TENER, TÚ) ...... que haber dado tu opinión, no después.
8. Los que (DECIDIR) ...... ayudarnos, que pongan aquí su nombre.

X.1.5.

COMPLETE LAS SIGUIENTES FRASES USANDO INFINITIVOS, PARTICIPIOS O GERUNDIOS, SEGUN CONVENGA:

1. Deberías (LLEGAR) ...... antes, la película ya ha empezado.
2. (VERSE) ...... en tan lamentable estado de salud, decidió tomarse una temporada de descanso.
3. Para (ACUMULAR) ...... tanto dinero a lo largo de su vida, viven como unos miserables.
4. Cuando cumplió los cuarenta, ya había (ESTAR) ...... (CASAR) ...... dos veces, (PARTICIPAR) ...... en dos guerras, (HACER) ...... prisionero y, en varias ocasiones, (PONER) ...... en libertad y, además, (SUPERAR) ...... un par de infartos.
5. (ANDAR) ......, que es gerundio.

6. Consiguió (CONVENCER) ...... le, (PROMETER) ...... le un puesto de prestigio.
7. Se trata de una enfermedad (CONSIDERAR) ...... incurable por el momento.
8. Lo despidieron (ACUSAR) ...... le de (COMETER) ...... irregularidades en el cumplimiento de sus obligaciones.
9. (DORMIR) ...... todo el santo día, no veo cómo podrás (SACAR) ...... adelante el trabajo que tienes (PENDER) ....
10. No sé cómo se las arregla, pero siempre sabe (EVITAR) ...... (ENCARGARSE) ...... de las tareas más pesadas.

X.1.6.

DESCRIBA, FISICA Y PSICOLOGICAMENTE, ALGUN PERSONAJE HISTORICO Y RELATE ALGUNA DE SUS HAZAÑAS, USANDO, ENTRE OTRAS, LAS PALABRAS O EXPRESIONES DE LA LISTA:

nacido en
llamado
de talla
afrontar
en plena
hombre de
suscitar

más de
encargar
constituir
enemigos
verdadero
al principio
atraer

X.2.

COMPLETE EL SIGUIENTE TEXTO CON LOS TIEMPOS Y MODOS ADECUADOS
(El texto está en tiempo pasado):

Por fin (LLEGAR, nosotros)...(1) a Madrid. Mientras los visitantes (RECIBIR)...(2) bienvenida y alojamiento, yo (QUERER)...(3) ver de nuevo mi casa que (DEJAR)...(4) intacta hacía cerca de un año. Mis libros y mis cosas, todo (QUEDAR)...(5) en ella. (SER)...(6) un departamento en el edificio llamado «Casa de las Flores», a la entrada de la ciudad universitaria. Hasta sus límites (LLEGAR)...(7) las fuerzas avanzadas de Franco. Tanto que el bloque de departamentos (CAMBIAR)...(8) varias veces de mano.

Miguel Hernández, vestido de miliciano y con su fusil (CONSEGUIR)...(9) una vagoneta destinada a acarrear mis libros y los enseres de mi casa que más me (INTERESAR)...(10).

(SUBIR)...(11) al quinto piso y (ABRIR)...(12) con cierta emoción la puerta del departamento. La metralla (DERRIBAR)...(13) ventanas y trozos de pared. Los libros (DERRUMBARSE)...(14) de las estanterías. (SER)...(15) imposible orientarse entre los escombros. De todas maneras (BUSCAR)...(16) algunas cosas atropelladamente. Lo curioso (SER)...(17) que las prendas más superfluas e inaprovechables (DESAPARECER)...(18); se las (LLEVAR)...(19) los soldados invasores o defensores. Mientras las ollas, la máquina de coser, los platos (MOS-

TRARSE)...(20) regados en desorden, pero (SOBREVIVIR)...(21), de mi frac consular, de mis máscaras de Polinesia, de mis cuchillos orientales no (QUEDAR)...(22) ni rastro.

—La guerra (SER)...(23) tan caprichosa como los sueños, Miguel.

Miguel (ENCONTRAR)...(24) por ahí, entre los papeles caídos, algunos originales de mis trabajos. Aquel desorden (SER)...(25) una puerta final que (CERRARSE)...(26) en mi vida. Le (DECIR)...(27) a Miguel:

—No (QUERER)...(28) llevarme nada.

P. NERUDA, **Confieso que he vivido**
(Texto adaptado)

X.3.

COMPLETE CON **SER** O **ESTAR**, SEGUN CONVENGA:

1. Para hacer esto no ...... más de cinco minutos.
2. Este filete ...... sabrosísimo. ¿Qué le has echado?
3. ...... lógico que tengamos tanto calor porque ...... muy al sur.
4. Eduardo y Lourdes ...... muy satisfechos de su estancia en León.
5. Tras el accidente ...... inconsciente varias horas.
6. ...... enamorado del protagonista de esta novela: ...... un personaje muy sugestivo.
7. Créeme. Lo que te digo ...... de veras.
8. ¡Qué negra ...... la nieve! Han debido de pasar muchos coches.
9. Con este tiempo no parece que ...... en primavera.
10. Cualquier día le pasará algo. Conduciendo ...... un inconsciente.
11. No saldrá de casa porque ...... con cuarenta de fiebre.
12. Ya no aguanta más su situación. ...... por dejarlo todo y largarse a otro sitio.
13. ...... en Covarrubias donde Fernando quiere hacerse la casa.
14. No es seguro que la verbena ...... en casa de Rosa. Aún ...... de luto.
15. Deja ese plátano, que ...... muy verde, y coge otro.

X.4.

COMPLETE LAS SIGUIENTES FRASES CON LAS PARTICULAS DE LA LISTA, SIN REPETIR NINGUNA:

salvo que	por poco que	cuando
hasta que	con tal que	como si
puesto que	como	porque
siempre que	a lo mejor	si
tal vez	para que	mientras

1. Es un pedante: habla ...... hubiera leído ese libro.
2. Es un pedante: habla ...... creamos que ha leído ese libro.
3. Es un pedante: no ...... diga mentiras, sino porque no ha leído ese libro.
4. Es un pedante ...... no ha leído ese libro del que habla.
5. No me di cuenta de que me había dejado la americana en el tren ...... quise ponérmela.
6. ...... quise ponerme la americana, me di cuenta de que me la había dejado en el tren.
7. Estoy convencido de que, ... se esfuerza, superará su propia marca.
8. Estoy convencido de que superará su propia marca ...... se esfuerza.
9. Superará su propia marca ...... se esfuerce. Estoy convencido.
10. El médico le prohibió hacer esfuerzos ...... estuviera bajo tratamiento.
11. El médico le prohibió hacer esfuerzos ...... estaba bajo tratamiento.
12. El médico le prohibió hacer esfuerzos. ...... estuviera bajo tratamiento.
13. ...... podrá conseguirlo, teniendo un mínimo de suerte.
14. ...... tenga un mínimo de suerte, podrá conseguirlo.
15. Podrá conseguirlo, ... carezca de un mínimo de suerte.

X.5.1.

DESCRIBA LA SITUACION USANDO, ENTRE OTRAS, LAS PALABRAS Y EXPRESIONES DE LA LISTA:

cara de pocos amigos
no hacer caso
mirar por
estar ajeno a
llevar x tiempo
pintoresco
con todo detalle
seguir instrucciones
fielmente
costar un ojo de la cara
estufa
trapo

dale que dale
cabina
impacientarse
como si tal cosa
desde hace
describir
según
reproducir
buhardilla
caballete
taburete
realista

interminable
charla
estar negro
no aguantar más
rincón
a distancia
tal y como
con precisión
estudio
ser zurdo
tela
paisaje

X.5.2.

INVENTE UNA SERIE DE INSTRUCCIONES QUE EL SEÑOR DE LA CABINA HA PODIDO DAR AL PINTOR PARA QUE ESTE PUDIERA REPRODUCIR EL PAISAJE CON EXACTITUD. UTILICE, ENTRE OTRAS PALABRAS O EXPRESIONES, LAS DE LA LISTA:

empezando por
al fondo
mirando
al lado de
tocando a
justo
en medio
detrás

encima de
hacia
algo
encima
arriba
tirando a
centro
atrás

a la derecha
a la izquierda
entre
debajo
abajo
como
en primer plano
sobre

X.5.3.

COMPLETE LAS SIGUIENTES CONVERSACIONES TELEFONICAS SIGUIENDO LAS INSTRUCCIONES DE CADA UNA DE ELLAS:

1. (USTED LLAMA A CASA DE JULIA MORENO).

   X: ¡Diga!
   UD: ......

X: No señor, se confunde.

UD: ......

X: De nada.

2. (CREYENDO HABER MARCADO MAL, USTED VUELVE A LLAMAR).

X: ......

UD: ¿Está Julia en casa?

X: ......

UD: ¿Es el 2.15.43.24?

X: ......

UD: Perdone, debo de haber tomado mal el número.

3. (LLAMA A LA TELEFÓNICA PARA AVERIGUAR CUAL ES EL VERDADERO TELÉFONO DE JULIA).

UD: ......

T: ¿Sabe usted el segundo apellido del abonado?

UD: ......

T: Es que, si no me dice el segundo apellido o la dirección, yo no puedo buscar el número.

UD: ......

T: ¿Qué número ha dicho?

UD: ......

T: Apunte: 2.15.43.24

UD: ......

T: Mire, aquí consta este número y yo no puedo averiguar nada más.

UD: ......

T: Lo siento, señor, ya le he dicho que yo no puedo saber nada más.

X.6.

UNA LAS SIGUIENTES FRASES USANDO RELATIVOS Y HACIENDO LAS TRANSFORMACIONES NECESARIAS:

> **Modelo:** Matilde trabaja en una librería.
> En esa librería puedes encontrar esa revista.
> ———→ Matilde trabaja en una librería **en la que** puedes encontrar esa revista.

1. Allí está esa tienda. Ayer te hablé de ella.
2. Este autobús pasa por una plaza. En esa plaza debes bajarte.

3. Tengo unos ahorrillos. Con ellos voy a pagar la entrada del coche.
4. Estos son mis compañeros de trabajo. A menudo te hablo de ellos.
5. Este es mi hotel. Desde aquí te llamé anoche.
6. El tema es éste. Debemos informarnos sobre él.
7. Ha venido por varios motivos. Estos son del dominio público.
8. Elvira es abogada laboralista. Trabajé para ella un tiempo.
9. Aquí está la meta. Los ciclistas se dirigen hacia ella.
10. No tengo argumentos. No puedo convencerte.
11. Ha salido una ley. Según esa ley se crea un nuevo estamento de profesores.
12. Allí venden esa marca de relojes. Usted iba tras esa marca.

X.7.

OIRA DOS VECES LA RESPUESTA A UNA PREGUNTA QUE USTED DEBE ELABORAR LO MAS EXPLICITAMENTE POSIBLE. (El ejercicio consta de cinco respuestas):

X.8.

UNA LAS SIGUIENTES FRASES USANDO **TAL COMO**, **COMO**, **COMO SI** Y **SEGUN**, HACIENDO LAS TRANSFORMACIONES NECESARIAS:

> **Ejemplo:** Yo te lo explico. Me lo dijeron así.
> ⟶ Te lo explico **tal como** me lo dijeron.

1. Gira la palanca hacia la izquierda. Lo pone en las instrucciones.
2. El prospecto lo dice: no hay que tomar más de seis pastillas diarias.
3. ¡Qué mal vestido vas! Pareces un gitano.
4. Se retrasaron. Nos habían advertido.
5. Podemos ir en barco o en avión. Decide tú.
6. Se comprometió a hacer las fotos. El periodista le diría la manera de hacerlas.
7. En la receta se dice que este pastel es muy económico, pero no lo es tanto.
8. En el plano se ve muy claro: debemos coger la segunda a la derecha.
9. ¡Qué oscuro está! Parece que sea de noche.
10. Estaba excesivamente animado. Daba la sensación de que había bebido.

X.9. 🔲

ESCUCHE ATENTAMENTE EL TEXTO (E. Sabato, **Uno y el Universo**) Y RECONSTRUYALO
CON EL LEXICO Y LAS EXPRESIONES DE LA SIGUIENTE LISTA, INTENTANDO
REPRODUCIR CON UN MAXIMO DE FIDELIDAD TANTO SU CONTENIDO COMO SU FORMA:

puede hacer
darse cuenta
habría que
tres o cuatro
valen
requiere
los primeros
dedicados
propios
ayos
a los cuatrocientos
superior
algo de provecho
no debería
antes de
años de vida
a la sabiduría
al cabo de
quizá
cómo habría que
honesto
etcétera

X.10.

DIGA QUE FRASE CORRESPONDE MEJOR AL CONTENIDO DE LA ENUNCIADA
Y JUSTIFIQUELO. (Imagine situaciones para cada una de ellas):

1. **Así que llegue, enviaré una postal.**

   a) Ignora cuándo llegará.
   b) Ignora cómo llegará.
   c) Ignora si llegará.

2. **Publicaremos la revista mientras lo permitan.**

   a) Se publicará sólo si lo permiten.
   b) Se publicará hasta que la prohiban.
   c) Se publicará como si la permitieran.

3. **Aun sintiéndose enfermo, va al trabajo.**

   a) Todavía se siente enfermo, pero va al trabajo.
   b) Por poco enfermo que se siente, va al trabajo.
   c) A pesar de sentirse enfermo, va al trabajo.

4. **De no haberlo sabido, no habríamos ido.**

   a) Como no lo sabíamos, no fuimos.
   b) Fuimos porque lo sabíamos.
   c) A pesar de no saberlo, fuimos.

5. **Por muy cansado que esté, sale de noche.**

   a) Siempre sale de noche.
   b) Sale siempre que esté cansado.
   c) Sale por estar cansado.

6. **No se acostará hasta que no llegue su padre.**

   a) Se acostará cuando llegue su padre.
   b) Cuando se acueste, llegará su padre.
   c) No se acostará cuando llegue su padre.

7. **Harás cuanto te pide Concha.**

   a) ¡Cuántas cosas harás por Concha!
   b) Sabes todo lo que te pide Concha.
   c) Ignoras lo que te pide Concha.

X.11.

CORRIJA ORTOGRAFICAMENTE EL SIGUIENTE TEXTO QUE REFLEJA UNA FORMA DIALECTAL DEL ESPAÑOL:

DON LOLO: ¿Y tu chico?

SEBASTIANA: No me hables, don Lolo; fritito está el hijo e mi zangre; dezesperao. Aqueyo no es caza. Bardomero y zu mujé, como nos tienen recogíos poco menos que de limozna, abuzan, ¿zabes? Y tó za güerven indirertas... y motes... y puyas.

DON LOLO: ¿Y por qué no trabaja tu niño? Vamos a ver.

244

SEBASTIANA: Miá er que habla; y trabaja menos que un cuadro. Ze le va a dormí to er cuerpo de no hacé na.

DON LOLO: Ah, pero, ¿es que vosotros creéis que yo no hago nada?

SEBASTIANA: No haces más que burto. Lo que le paza a mi pobrecito José es que ez un chiquiyo, y está en la edá de divertirze. Zeñó, zi tiene veinticinco años, ¿qué le vamos a pedí a la criatura? ¿No digo bien? ¿No es razonable lo que digo? Pos véle tú con esto a Bardomero. El otro día za liaron a palabras y en na estuvo que acabaran a gorpes. ¿Y tó por qué? Porque ar pobrecito e mi vía le gusta recogerze por las mañanas cazi toas las noches. Zeñó, ¡zi está en la edá!... Zi no la corre ahora, ¿cuándo la va a corré? Pero eze Bardomero ez atroz. Ze le ha cuadrao, y le ha dicho: «En mi caza, er que no haya venío a la una, ze quea en la caye». Y en la caye se quea toas las noches el hijo e mi arma. Ya ves tú qué dijusto pa una madre. Y zin capa, porque la empeñó el otro día.

ALVAREZ QUINTERO, **Pepita Reyes**
(*Texto adaptado*)

X.12.

TRANSFORME EL SIGUIENTE DIALOGO USANDO ESTILO INDIRECTO:

> **Ejemplo:** El señor X **afirmó que** él siempre **sería** de este siglo.

EL SEÑOR X: Pues yo siempre seré de este siglo.

TÍO: El siglo que acabamos de empezar será un siglo materialista.

EL SEÑOR X: Pero de mucho más adelanto que el que se fue. Mi amigo, el señor Longoria, de Madrid, acaba de comprar un automóvil con el que se lanza a la fantástica velocidad de treinta kilómetros por hora; y el Sha de Persia, que por cierto es un hombre muy agradable, ha comprado también un Panhard Levassor de veinticuatro caballos.

TÍO: Y digo yo: ¿adónde van con tanta prisa? Ya ve usted lo que ha pasado en la carrera París-Madrid, que ha habido que suspenderla, porque antes de llegar a Burdeos se mataron todos los corredores.

EL SEÑOR X: El conde Zboronsky, muerto en el accidente, y Marcel Renault, o Renol, que de ambas maneras suele y puede decirse, muerto también en el accidente, son mártires de la ciencia, que serán puestos en los altares el día en que venga la religión de lo positivo. A Renol lo conocí bastante. ¡Pobre Marcelo!

TÍO: No me convencerá usted.

F. GARCÍA LORCA, **Doña Rosita la soltera**
(*Texto adaptado*)

X.13.

COMPLETE LAS SIGUIENTES FRASES USANDO **ALGO**, **NADA**, **ALGUIEN**, **NADIE**, **ALGUN/O**, **NINGUN/O**, etc.:

1. Esta revista siempre trata ...... tema de interés aunque la orientación general es ...... conservadora.
2. No obtuvimos respuesta ......: ...... sabía qué había pasado.
3. ...... orden tienes que cumplir. No puedes ser tan indisciplinado.
4. Pues, las llaves deben estar por ...... parte.
5. No hay ...... idioma que no tenga dificultades fonéticas.
6. ¿Es verdad que a Teresa todavía no le ha salido ...... diente?
7. ...... suponía que Lucía tuviera ...... que ver con Arturo.
8. En la biblioteca guardan ...... mapas, pero no sé si a esta hora habrá ...... que pueda atenderle.
9. Puedes ir a ver a Don Manuel de mi parte. Verás como no tendrás problema ni conflicto ....
10. ...... podrá impedir que ...... costumbres se pierdan.
11. Escasas veces se ve ...... cura vestido con sotana por la calle.
12. Haces lo que ...... haría, ... otro sería capaz de igualarte.
13. Al final de la conferencia leyó ...... poemas, pero ...... hizo comentario alguno.
14. ...... recibió ...... telegrama, aunque decían que nos los habían enviado.

X.14.

A PARTIR DE LAS FRASES SIMPLES PROPUESTAS, CONSTRUYA UNA SOLA FRASE COMPUESTA, REALIZANDO LAS TRANSFORMACIONES NECESARIAS Y AÑADIENDO PARTICULAS SUBORDINANTES. (Explote varias soluciones para cada grupo de frases):

1. La abuela no se encontró mal anoche.
   No creo.
   Habría llamado.

2. Quedamos a las ocho.
   Luis no llegó.
   Siempre avisa.
   Me preocupa.
   Tal vez le pasó algo.

3.

> No reconocí a Martín.
> Nos vimos por última vez este verano.
> Entonces yo veraneaba en Benicarló.
> Se extrañó.

4.

> Tengo que explicarte un secreto.
> Es muy divertido.
> Me lo contó Ramiro.
> Ramiro me pidió discreción.

X.15.

1. No logró que le ...... ese puesto a pesar de haber demostrado ser la persona idónea para desempeñarlo.

   a) darían
   b) dieran
   c) den
   d) dieron

2. Joaquín Benet, ... que llamar a un albañil resultaría muy caro, decidió ponerse manos a la obra. ¡Es un manitas!

   a) visto
   b) ver
   c) viendo

3. Estos macarrones ...... riquísimos. ¿De dónde los has sacado?

   a) están
   b) son

4. No le quedó más remedio que callarse, ... todo el mundo estaba en contra de sus opiniones.

   a) puesto que
   b) como
   c) por lo que
   d) así que

5. Rosendo tiene un ...... miedo al ridículo y eso le impide muchas veces mostrarse tal y como es en realidad.

    a) demasiado
    b) mucho
    c) excesivo
    d) muy

6. Por fin ayer ...... el telegrama que tanto esperabais, ¿no?

    a) ha llegado
    b) llegó
    c) llegaba

7. No creo que a Margarita le apetezca ir de copas porque anoche .....con cuarenta de fiebre.

    a) fue
    b) estaba
    c) era
    d) estuviera

8. Cuando veas a Gerardo, dale recuerdos ...... mi parte.

    a) de
    b) por
    c) para
    d) a

9. ...... el momento no puedo darle ninguna respuesta concreta. Tal vez la semana que viene... Vuelva a pasar hacia el día 20.

    a) de
    b) en
    c) por
    d) a

10. ...... pagar la factura, comprueba que la obra esté en perfectas condiciones.

    a) antes de
    b) antes
    c) antes de que
    d) antes que

11. En ese barrio existen importantes deficiencias sanitarias e higiénicas, ... no es extraño que se produzcan muchas infecciones.

    a) pues
    b) como
    c) por lo que
    d) por qué

12. Es todavía algo inexperto, pero no dudo que llegará ...... ser alguien en el mundillo de la pintura.

    a) de
    b) por
    c) para
    d) a

13. ...... enseguida de que hoy venías preocupado por algo.

    a) He visto
    b) He notado
    c) Me he dado cuenta
    d) He sabido

14. Viste ...... fuera un quinceañero, lo que a su edad resulta un tanto ridículo.
    a) como si
    b) como
    c) tanto como
    d) tanto que

15. Sólo piensa en ......: es un verdadero egoísta.

    a) sí
    b) consigo
    c) sí mismo
    d) lo mismo

16. Estoy en la cocina preparando una ensalada. Así que ...... las noticias de la tele, avisadme.

    a) empiecen
    b) empiezan
    c) empezarán
    d) empezaran

17. Llevo ...... veinte páginas de la novela que me prestaste y todavía no me he enterado de qué va.

    a) leyendo
    b) leído
    c) leyendas
    d) leídas

18. Creo que hay una farmacia en la calle Velázquez, ... a la plaza Real.

    a) llegando
    b) mirando
    c) viniendo
    d) tocando

19. Los obreros están dispuestos a negociar ...... la patronal acepte unas condiciones mínimas.

a) si
b) como
c) siempre que
d) con tal de

20. Hay que reconocer que, aunque no nos resulte simpático, el Dr. Rupérez, en el terreno de la cardiología, ...

a) es alguien
b) es alguno
c) no es ninguno
d) no es nadie

21. ...... lógico que se haya molestado. Has estado un poco duro con él.

a) Es
b) Fue
c) Está
d) Estuvo

22. Deben de ser muy ricos. Se han construido un chalé en la costa que costará ....

a) un ojo de la cara
b) dos riñones
c) una mina
d) un tesoro

23. Cuando nos conocimos, aún no ...... la mili.

a) hizo
b) había hecho
c) hubo hecho
d) ha hecho

24. Trata ...... no equivocarte en las cuentas. Nos han llamado del banco para decirnos que estamos en números rojos.

a) a
b) de
c) en
d) por

25. El otro día vimos el cortometraje ...... trabajó tu primo.

a) en el que
b) en
c) donde que
d) en que

26. Me comentó Antonio que no ...... de acuerdo con ese ridículo aumento de sueldo, y que al día siguiente se lo ...... personalmente al jefe.

a) estuvo
b) había estado
c) estaba

a) dirá
b) diga
c) diría

27. ...... no les veo a menudo, pero me han dicho que Marc y Rogelio están cada día más altos y más guapos. ¡Y pensar que hace cuatro días eran unos bebés!

a) Ultimamente
b) Por último
c) Finalmente
d) Recientemente

28. Por suerte todo funcionó perfectamente, ... lo habíamos programado.

a) de modo que
b) tal que
c) tan como
d) tal y como

29. Es muy dogmático: no comprende que se ...... analizar un problema desde otra óptica.

a) podrá
b) pueda
c) ha podido

30. ...... lo que he oído decir por ahí, los Zunzunegui andan como el perro y el gato.

a) como
b) para
c) según
d) con